TRAITÉ SPÉCIAL

SUR

LES SUCCESSIONS

AU POINT DE VUE FISCAL

OU

RÉSUMÉ DE LÉGISLATION, DE JURISPRUDENCE ET DES PRESCRIPTIONS DE L'ADMINISTRATION

RELATIVES AUX DROITS DE SUCCESSIONS A TOUS LES DEGRÉS

AVEC MODÈLES ET FORMULES

SUIVI D'UN

TRAITÉ DE MANUTENTION DES BUREAUX DE DOMAINES

PAR **M. BOILLON**

Receveur de l'Enregistrement (1re classe) en retraite.

2e ÉDITION REVUE ET AUGMENTÉE

PARIS

IMPRIMERIE ET LIBRAIRIE GÉNÉRALE DE JURISPRUDENCE.

COSSE, MARCHAL ET Cie, IMPRIMEURS-ÉDITEURS,

LIBRAIRES DE LA COUR DE CASSATION,

Place Dauphine, 27.

1867

TRAITÉ SPÉCIAL

SUR

LES SUCCESSIONS

AU POINT DE VUE FISCAL

Paris.—Imprimerie de Cosse et J. Dumaine, rue Christine, 2.

TRAITÉ SPÉCIAL

SUR

LES SUCCESSIONS

AU POINT DE VUE FISCAL

OU

RÉSUMÉ DE LÉGISLATION, DE JURISPRUDENCE ET DES PRESCRIPTIONS DE L'ADMINISTRATION

RELATIVES AUX DROITS DE SUCCESSIONS A TOUS LES DEGRÉS

AVEC MODÈLES ET FORMULES

SUIVI D'UN

TRAITÉ DE MANUTENTION DES BUREAUX DE DOMAINES

PAR **M. BOILLON**

Receveur de l'Enregistrement (1re classe) en retraite.

2e ÉDITION REVUE ET AUGMENTÉE

PARIS

IMPRIMERIE ET LIBRAIRIE GÉNÉRALE DE JURISPRUDENCE.

COSSE, MARCHAL ET Cie, IMPRIMEURS-ÉDITEURS,

LIBRAIRES DE LA COUR DE CASSATION,

Place Dauphine, 27.

1867

PRÉFACE

Ce petit ouvrage, comme le portait la préface de la première édition que l'on reproduit ici en partie, a eu pour objet de réunir en corps de doctrine spéciale tous les éléments épars concernant les droits de mutation à percevoir sur les objets composant les successions à déclarer.

Économie de temps et sûreté de résultat immédiat et instantané, voilà le but que s'est proposé l'auteur.

On y trouve dans un cadre resserré, et par cela même plus intelligible, l'analyse succincte des instructions de l'administration de l'enregistrement sur la matière, avec leurs numéros et la date des arrêts de cassation y rapportés, comme aussi l'état de la jurisprudence sur les questions controversées.

Pour la pratique, et pour coordonner le droit civil avec les exigences du droit fiscal, en faisant une juste application des lois, sans efforts et sans longues recherches, assez souvent infructueuses, des modèles de liquidations de communauté et de déclarations de successions ont été tracés et gradués de telle sorte que tous les cas sont prévus et les difficultés les plus ardues vaincues.

L'accueil qui lui a été fait a déterminé l'auteur à publier une seconde édition revue et augmentée de tout ce qui a paru sur la matière pendant les années 1864, 1865 et 1866.

Il a cru devoir faire suivre cette nouvelle édition d'un *Traité pratique de manutention des bureaux de domaines*, dans l'espoir que l'utilité en sera appréciée par MM. les employés des domaines.

TRAITÉ SPÉCIAL

SUR

LES SUCCESSIONS

AU POINT DE VUE FISCAL

CHAPITRE PRÉLIMINAIRE.

§ 1er. — Législation.

Loi du 22 frimaire an VII :

Titre Ier, n. 4. — Droit proportionnel sur les transmissions de propriété d'usufruit ou jouissance de meubles et d'immeubles par décès.

Titre 2, n. 8. — Valeurs sur lesquelles le droit proportionnel est assis.

Titre 3, n. 24. — Délais.

Titre 4, n. 27. — Déclaration au bureau de la situation des biens ; formes de déclarations.

Titre 5, n. 32. — Du paiement des droits et ceux qui doivent les acquitter.

Titre 6, n. 39. — Des peines pour défaut de déclaration dans les délais.

Titre 7, n. 55, 56, 58 et 59. — Obligations diverses des officiers publics et receveurs.

Titre 8, n. 60 et 61. — De la prescription.

Titre 9, n. 63 à 66 inclus.—Des poursuites et instances.

Titre 10, n. 69. — De la fixation des droits.

LOIS QUI ONT APPORTÉ DIVERSES MODIFICATIONS A CELLE DU 22 FRIMAIRE AN VII.

Loi du 28 avril 1816, n. 53. — Nouvelles quotités.

Loi du 25 mars 1817, n. 78. — Remise aux émigrés des droits de mutations par décès.

Loi du 15 mai 1818, n. 75. — Mode d'évaluation au taux des mercuriales.

Loi du 16 juin 1824, n. 7. — Dons et legs aux communes, hospices, congrégations religieuses, etc., etc.

Loi du 18 avril 1831, n. 10. — Abrogation de l'article 7 de la loi du 16 juin 1824.

Loi du 21 avril 1832, n° 33. — Nouvelles quotités (subdivisions de la ligne collatérale).

Loi du 18 mai 1850 :

N. 7. — Inscriptions sur le grand-livre de la dette publique soumises au droit de mutation par décès, comme les fonds publics, actions de compagnies ou de sociétés d'industrie et de finances, étrangers dépendant d'une succession régie par la loi française.

N. 10. — Assimilation des valeurs mobilières à celles immobilières.

N. 11. — Les prescriptions de 3 et 5 années établies par les paragraphes 2 et 3 de l'article 61 de la loi du 22 frimaire an VII, en ce qui concerne les omissions et les successions non déclarées, sont étendues à 5 années pour la première prescription et à 10 années pour la deuxième.

§ II. — Observations générales.

Les droits de mutations par décès sont perçus sur la déclaration estimative des parties : 1° pour les meubles, sur la valeur (art. 14 n° 8); et 2° pour les immeubles sur un capital formé de vingt fois le produit brut des biens ou le prix des baux courants, sans distraction des charges (art. 15, n° 7). L'usufruit s'évalue à moitié (art. 14, n° 11, et art. 15, n° 8, Circulaire 1450).

L'assimilation quant au droit fiscal, résultant de la Loi du 18 mai 1850, des valeurs mobilières à celles immobilières, en simplifiant les opérations d'application, a coupé court à bien des difficultés de détail, sans toutefois déroger aux principes; mais les prescriptions de l'Instruction 1432 se trouvent sensiblement modifiées, comme d'autres rapportées pour ordre et qui sont actuellement sans influence au point de vue fiscal.

On appelle l'attention des jeunes receveurs sur toutes les circonstances qui accroissent la succession de l'un des époux, telles que la renonciation de la veuve à la communauté dissoute, dont l'actif se réunit dès lors à la succession du mari; les reprises s'exerçant par les héritiers de la femme prédécédée, s'ils renoncent à la communauté, et qui augmentent d'autant la succession de la femme et les différentes stipulations des contrats de mariage, autorisées par les articles 1514, 1520, 1522 et 1525, Cod. Nap., qui auraient eu l'effet d'attribuer une part plus forte de la communauté ou la communauté entière à l'époux prédécédé ou, à ses héritiers, le droit d'exercer des reprises.

Dans ces diverses circonstances, il n'y a ni donation ni mutation par décès, au profit de l'héritier de l'époux prédécédé.

La clause d'un contrat de mariage attribuant la totalité de la communauté au survivant n'est point une donation éventuelle susceptible de donner ouverture à des droits de mutation au décès du premier mourant. C'est une condition aléatoire et convention entre associés.

Décision transmise par l'instruction 1113 et motivée sur l'art. 1525 Cod. Nap. et sur un arrêt de cassation. (Inst. 1156, § 6.)

Mais s'il est stipulé un préciput payable nonobstant la renonciation à la communauté, le droit de mutation par décès est exigible. (Inst. 1256, § 4;-1422, § 7.)

Comme aussi lorsque l'attribution est faite à titre de donation. (Inst. 1381, § 5; Arr. 15 fév. 1832, Inst. 1401, § 4;-15 fév. 1841, Inst. 1643, § 4;-23 avril 1849, Inst. 1844, § 7;-24 déc. 1850, Inst. 1883, § 7;-21 mars 1860, Inst. 2174, § 7.)

Le partage antérieur à la déclaration doit être pris pour base par les héritiers, tenus de comprendre dans la déclaration tout ce qui est entré dans leur lot. (Arr. 16 juill. 1823, Inst. 1437, § 8;-11 mars 1851, Inst. 1743, § 7.)

Il est de principe que toutes les créances détaillées dans un inventaire soient déclarées dans leur intégralité, sans qu'il y ait lieu à distinguer entre celles d'un recouvrement certain et celles d'un recouvrement incertain.

Toutefois, lorsque les héritiers renoncent formellement et expressément dans la déclaration même, à certaines créances considérées comme perdues, la distraction peut en être faite, sauf à surveiller les événements ultérieurs qui pourraient en rendre le recouvrement possible.

Décision ministérielle du 12 août 1806. (4 arrêts du 24 avril 1861, Inst. 2201, § 5.)

§ III. — Récompenses.

Les récompenses ne sont que des valeurs fictives; elles doivent figurer dans la masse active de la communauté pour fixer la part qui revient à chaque époux, mais ensuite être déduites de l'actif de la succession. Cette déduction se fait après le partage et sur les valeurs revenant à la succession, car, bien qu'elles y soient entrées, elles n'y existent pas et ne s'y trouvent que fictivement. Si, au contraire, les récompenses sont dues par l'époux survivant, elles doivent encore, dans le cas ci-dessus, figurer dans la masse active, et, de plus, être employées, comme les valeurs mobilières et les créances, à éteindre, avant qu'on se serve des immeubles, tous les prélèvements qui sont à faire pour les reprises que la succession a droit d'exercer avant tout partage, sur les biens de la communauté; car, dans ce cas, ces récompenses existent en réalité dans la succession : elles forment une créance active; celui qui doit ces récompenses a le droit de faire le rapport en argent; il peut exiger moitié de chacune en immeubles partageables de la communauté, nonobstant la récompense qu'il doit, mais à charge de payer la partie de ces récompenses à laquelle la succession a droit pour cause de prélèvement, soit pour sa part dans les biens de communauté. Dans ce cas, il n'y a pas lieu de les déduire de la succession, ni de les considérer comme des valeurs fictives.

CHAPITRE PREMIER.

NOMENCLATURE DES BIENS A DÉCLARER.

1. **Ameublissement.** — Clause d'ameublissement dans un contrat de mariage ou de société :

La fiction attribuant l'immeuble à la communauté au même titre que les apports mobiliers, cessant à la dissolution, il en résulte que cet immeuble doit être déclaré comme propre à la succession de celui qui en a fait l'apport, s'il existe en nature à l'époque de son décès; que si la dissolution arrive par le décès de l'époux qui n'a pas fait l'ameublissement, ses héritiers n'ont à comprendre dans la déclaration de sa succession aucune portion des biens ameublis, mais seulement l'indemnité mobilière due à la communauté par le retour de ces immeubles dans la main de l'autre époux. (Inst. 1272, § 3.)

Au point de vue juridique, il existe une assimilation complète entre les immeubles ameublis et les acquêts de communauté.

De cette assimilation il suit que quel que soit l'époux décédé, ses héritiers ne sont tenus qu'à déclarer la moitié de l'immeuble ameubli. (Inst. 2307. — Arrêt de C. du 26 sept. 1831.)

Arbres épars ou en bordure constituant un produit distinct dont la valeur s'augmente chaque année par suite de leur croissance et forment un revenu qui doit être déclaré. (Inst. 2288, § 1er. Arrêt de C. du 29 juin 1864.)

2. **Bail héréditaire.** — La propriété appartenant aux débiteurs des redevances ou fermages, le droit de mutation est dû à leur décès. (Arr. 28 janv. 1833 ; Arr. contre 24 nov. 1837 ; Inst. 1425, § 8.)

3. **Biens indivis.** — Doivent être compris dans la déclaration, bien que licités avant. (Inst. 1615, § 4.)

4. **Donation** *de biens présents et à venir.* — Elle ne reçoit son exécution qu'au décès du donateur, époque à laquelle les droits sont exigibles, bien qu'ils eussent été indûment perçus,

lors de l'enregistrement de l'acte de donation. (Arr. des 28 janv. 1819 et 24 déc. 1821 ; Inst. 1773, § 6.)

5. Donation *par contrat de mariage soumise à l'événement du décès.* — Droit fixé pour les mutations par décès, à percevoir contrairement à un arrêt de cassation du 15 mai 1834, rapporté dans l'Instruction 1467, § 5; la jurisprudence sur ce point paraît fixée par les trois arrêtés suivants : 23 mars 1840, Inst. 1618, § 4;-7 juillet, même année, Inst. 1634, § 5;-8 fév. 1854, Inst. 2015, § 4.

6. Donation *d'usufruit entre époux.* — L'usufruit réservé jusqu'au décès du dernier mourant, sans réduction au décès du prémourant, doit être déclaré par le survivant. (Arr. du 15 juin 1846, Inst. 1767, § 6; - 30 janv. 1856, Inst. 2078, § 3.)

7. Donation *d'usufruit entre époux dans un contrat de vente ou partage anticipé.* — Réserve au profit des vendeurs ou donateurs, de l'usufruit jusqu'au décès du dernier mourant.

— Cet usufruit doit être déclaré au décès du prémourant par le survivant, à qui il profite, pour les biens propres de son conjoint. (Arr. 8 août 1853, Inst. 1986, § 8;-31 août 1853, Inst. 1986, § 9;-30 janv. 1856, Inst. 2078, § 3;-24 janv. 1860, Inst. 2174, § 8.)

8. Donation *entre époux, convention de mariage, régime dotal sans stipulation de communauté d'acquêts.* — La donation, en cas de survie de moitié des biens soit propres ou acquêts, est sujette au droit de mutation lors de l'événement. (Arr. 28 mars 1854, Inst. 2015, § 2.)

9. Emphytéose. — L'emphytéose constituant un droit réel immobilier, le droit à un bail emphytéotique doit être déclaré. (Arr. 6 mars 1850, Inst. 1857, § 7.)

Ce n'est point, dans ce cas, la redevance résultant, à la vérité, d'un acte authentique, qui doit être déclarée, mais encore la part de tous les avantages assurés au preneur à ce titre, comme au bailleur.

L'expertise peut donc être provoquée en tout état de cause, pour déterminer la quote-part de la valeur incombant à l'un ou à l'autre. (Arr. 17 nov. 1852, Inst. 1986, § 7.)

10. Fruits civils. Les *prorata* de fermage ou de loyer d'un immeuble affermé, courus jusqu'au jour du décès du propriétaire, doivent être déclarés comme créances, indépendamment du droit à percevoir sur l'immeuble.

Il en est de même dans le cas où l'immeuble n'est point affermé, si la récolte a été vendue avant le décès du propriétaire et si le prix forme créance pour la succession. Si le propriétaire jouissait lui-même, il ne s'opère à son décès, s'il a lieu lorsque les récoltes sont pendantes, qu'une seule mutation immobilière. S'il y a bail, les récoltes sont meubles considérées relativement au fermier, et en cas de décès de ce dernier, son héritier doit comprendre dans sa déclaration les récoltes pendantes suivant leur valeur à l'époque du décès. (Inst. 1263, § 5.)

11. *Immeubles.* — Lorsqu'un mari acquiert pendant la communauté un immeuble dont il possédait déjà une partie, l'intégralité doit être déclarée à son décès. (Art. 1408 du Code Napoléon.)

Si, au contraire, c'est la femme qui a acquis dans les mêmes conditions, il faut de sa part une acceptation expresse. (Inst. 1446, § 4.)

12. *Portion acquise par le mari sous le régime dotal, d'un immeuble appartenant par indivis.* — Cet immeuble doit être déclaré comme propre au mari, à défaut d'option par sa femme. (Même art. 1408.) (Arr. 31 mars 1835, Inst. 1490, § 7.)

Immeubles acquis en remploi de biens aliénés ou à aliéner, remploi *in futurum* non réalisé.

13. Cet immeuble fait partie de la communauté sous déduction du chiffre d'aliénation de propres dûment constatée et doit être déclaré en conséquence. (Arr. 24 nov. 1852, Inst. 1982, § 4.)

14. L'immeuble accepté par une femme mariée, en remplacement d'un de ses immeubles vendu, fait partie de sa succession et doit être déclaré comme bien propre, quoique le mari n'en ait pas acquitté le prix avant la dissolution de la communauté. (Arr. 6 janv. 1858, Inst. 2118, § 4.)

15. Legs *divers de sommes d'argent ou de rentes viagères.* — Le montant des legs de l'espèce est assujetti au droit fixé d'après le degré de parenté des légataires, bien que le légataire universel ait acquitté (en ligne directe) les droits sur l'intégralité de la succession, sauf imputation du droit payé. L'avis du Conseil d'État du 10 sept. 1808 ne peut être opposé. (Arr. 29 mars 1852, Inst. 1180, § 5.)

16. Legs de sommes payables lors du décès du légataire universel, droit dû lors de l'événement. (Arr. 20 janv. 1858, Inst. 2118, § 5.)

Voir la nouvelle jurisprudence pour les imputations. (Arr. 29 juill. 1862, Inst. 2234, § 1er.)

17. Legs *d'usufruit à plusieurs personnes pour en jouir successivement.* — Le droit de mutation est dû au décès de chacun des légataires. (Inst. 1422, § 8.)

Libéralité éventuelle ; réversion de rente viagère ; droits exigibles au fur et à mesure du décès de chaque légataire. — Il doit être fait article au sommier des découvertes des actes de l'espèce, pour surveiller l'événement qui rend les droits exigibles, en consultant l'arrêt du 19 déc. 1822 et celui du 2 juill. 1823, rapportés au précis chronologique. (Inst. 1187, § 7 ; - 1200, § 15 ; Arr. 30 déc. 1834, Inst. 1481, § 9.)

18. Legs, *substitution, double mutation.* (Arr. 12 déc. 1860, Inst. 2190, § 6.)

19. Legs *particuliers de sommes d'argent.* — Quoique les sommes léguées n'existent point en nature dans la succession, elles sont, contrairement à l'instruction 1432, censées exister jusqu'à concurrence du montant des valeurs mobilières autres que le numéraire, et les droits doivent être perçus en conséquence. (Arr. 11 mars 1840, Inst. 1723, § 4.)

Il y a lieu à répartition au marc le franc, des valeurs mobilières entre les divers légataires, lorsqu'elles sont insuffisantes pour couvrir l'intégralité des legs de sommes d'argent. (Inst. 1786, § 7.)

20. Legs *à un membre d'une communauté religieuse avant la reconnaissance légale.* — Le droit proportionnel à 9 p. 0/0 est exigible. (Inst. 2274, § 5 ; Arr. de C. du 25 mars 1863.)

21. Legs *par un enfant naturel.*—Le légataire universel des biens d'un enfant naturel doit payer le droit à 9 p. 0/0 sur l'intégralité desdits biens, et la transaction avec la mère naturelle du testateur ne change rien à la position de ce légataire envers le fisc. (Inst. 2347, § 4 ; Arr. de C. du 12 déc. 1865.)

22. Legs *substitution prohibée.* — Le legs particulier qui constitue une substitution prohibée est passible du droit proportionnel lorsqu'il est constant en fait que loin d'avoir demandé l'annulation de ce legs, les parties l'ont au contraire exécuté. Il suit de là que si, par l'effet de l'événement prévu, le legs fait retour au légataire universel, celui-ci devient débiteur du droit de mutation nouvelle. (Inst. 2348, § 7; Arr. de C. du 5 mars 1866 ; autre arrêt dans le même sens du 11 déc. 1860, Inst. 2190, § 6.)

23. Legs *d'usufruit ne devant commencer qu'à la mort du légataire de la propriété.* — Lorsqu'un usufruit légué ne doit commencer qu'à la mort du légataire de la propriété, le paiement du droit de mutation par décès sur la valeur entière des biens par ce légataire, ne dispense pas ses héritiers d'acquitter le droit sur la même base.

L'usufruit ne s'étant ouvert qu'au décès de leur auteur, ils doivent payer le droit sur l'entière propriété. (Inst. 2288, § 4 ; Arr. de C. du 5 avril 1864.)

24. Majorats. — Droit à 1 p. 100 sur le capital au denier 10 des biens affectés. (Décret du 24 juin 1808, art. 6.)

25. Offices *d'officiers publics.* — Si l'office est cédé à l'un des cohéritiers, le droit à 2 p. 100 est exigible et sera compensé avec celui de mutation par décès. Si le droit de cession est supérieur, il ne sera rien dû sur la déclaration de succession.

Si l'office est transmis à un tiers, il n'y aura lieu à aucune compensation. (Inst. 1640.)

Quand le successeur d'un officier public n'est ni son héritier ni son légataire universel, le droit de mutation par décès est dû, indépendamment du droit de 10 p. 100 du cautionnement, sur le décret de nomination. (Inst. 1590, § 11.)

26. Part *d'un associé défunt dans une société.* — Elle doit être déclarée suivant la nature des biens, à défaut d'une stipulation expresse dans l'acte social, faisant connaître que la société continue, malgré la dissolution résultant de l'art. 1865, Cod. Nap. (Inst. 1562, § 20.)

Lorsqu'un associé ayant fait apport social d'un immeuble grevé pour partie, décède avant d'avoir dégrevé cet immeuble, il s'opère par le seul fait des conventions qui ne stipulaient la remise des actions qu'au fur et à mesure et en proportion de l'extinction des dettes, une véritable vente à la société de la portion de l'immeuble non payée, et le droit de mutation doit être prévu au moment du décès. (Inst. 2324, § 2; Arr. de C. du 8 nov. 1864.)

27. Part *de l'auteur d'une succesion dans une société de commerce.* — Quand le partage de la société n'a point encore été effectué, il n'y a lieu à déclarer que l'émolument net, distraction faite de toutes dettes. (Inst. 1292, § 6.)

28. Part *de communauté.*— La part de communauté appartenant à un mari donataire de tous les biens de sa femme, doit être déclarée, malgré sa renonciation au nom de la succession de cette dernière. (Arr. 8 mars 1842, Inst. 1675, § 4; - 26 nov. 1849, Inst. 1857, § 6.)

29. La part de communauté appartenant à un époux doit être déclarée à son décès, bien que par un partage antérieur il lui ait été attribué pour son lot l'usufruit de la totalité des biens communs. Ce n'est point, en effet, une simple réunion de l'usufruit à la propriété sous le rapport fiscal, puisqu'elle n'est affranchie du droit de mutation qu'autant que le droit a été acquitté sur la valeur entière de la propriété. (Art. 2 août, 1841, Inst. 1668, § 2.)

30. Prix *d'immeubles saisis et vendus avant le décès et non payés lors de l'événement.* — Ce prix doit être déclaré. (Inst. 1528. § 11.)

31. Prix *d'immeubles adjugés avant le décès, délégué aux créanciers qui n'avaient point encore accepté lors de l'événement.* — La simple indication de paiement n'opère pas novation (art. 1277 du Code Napoléon), principe consacré par arrêt du 28 nov. 1812. Droit exigible.

32. Rente *viagère créée en remplacement d'un legs d'usu-*

fruit. — Droit exigible sur les immeubles soumis à l'usufruit. (Arr. 19 nov. 1834, Inst. 1481, § 8.)

32 *bis*. **Rente** *viagère formant le prix d'une vente d'immeubles ; réversibilité stipulée au profit d'un tiers.* — Le droit de mutation par décès est exigible lors de l'événement. (Arr. de C., chambres réunies, du 23 déc. 1862, Inst. 2244, § 4.)

33. **Réserve** *légale.* — Aux termes de l'art. 1094 du Code Napoléon, l'époux peut disposer, au profit de son conjoint, de l'usufruit de la réserve légale ; mais pour qu'il y ait lieu à la perception du droit sur cet usufruit, il faut que la volonté du donateur ou du testateur soit nettement exprimée et qu'il donne notamment tout ce dont la loi lui permet de disposer.

34. **Retour** *légal.* — La dot constituée par contrat de mariage, avec clause de retour, appartenant intégralement à la succession de la femme décédée sans postérité, doit être déclarée par les père et mère, auxquels elle fait retour, et supporter le droit à 1 p. 100 indépendamment de celui entre époux, si l'usufruit a été légué au survivant (art. 747 du Code Napoléon). (Inst. 1615, § 5.)

35. **Valeurs** *mobilières grevées d'usufruit.*—D'après un arrêt de cassation du 4 août 1842, rapporté dans l'instruction 1683, § 4, elles devaient être déclarées comme si elles n'étaient pas grevées ; mais un arrêt de la même Cour, du 27 déc. 1847, qui fait actuellement jurisprudence, a décidé que le droit ne doit être perçu que sur la moitié. (Arr. 27 déc. 1847, Inst. 2025, § 3.)

36. **Transactions.** — Celle par laquelle un légataire universel non parent, abandonne aux héritiers naturels une partie de son legs, ne le dispense pas de payer les droits à 9 p. 100 sur l'intégralité de ce legs. Quant à l'abandon fait gratuitement à l'héritier naturel, le droit de donation est seule exigible. (Inst. 1229, § 11; Arr. 5 juin 1861, Inst. 2201, § 8.)

37. Les droits acquis au Trésor par suite de l'acceptation d'un legs, tacitement ou autrement, ne peuvent être ni affectés ni diminués par une renonciation ultérieure. (Arr. 18 nov. 1851, Inst. 1912, § 5; 7 mars 1855, Inst. 2042, § 6.)

38. **Usufruit** *légué à l'ascendant d'un enfant mineur institué*

légataire universel. —Il ne se confond point avec la jouissance légale accordée par l'art. 384 du Code Napoléon, et doit être capitalisé au denier 10 pour la perception. (Arr. 15 juin 1842, Inst. 1683, § 5 ; 30 déc. 1830, Inst. 1883, § 9.)

39. **Traites** *souscrites à l'étranger et payables en France.* — Elles doivent être déclarées. (Arr. 29 nov. 1858, Inst. 2142, § 7.)

Indépendamment des avantages entre époux, des valeurs et biens compris dans la nomenclature qui précède (§ 1er), et qui ont fait l'objet des instructions qui s'y trouvent mentionnées, on donne ci-après le détail d'autres valeurs également assujetties au droit de mutation par décès.

40. **Achalandage.** — L'achalandage d'un fonds de commerce faisant partie d'une succession doit être déclaré comme valeur active.

41. **Antichrèse.** — Les biens donnés en antichrèse, continuant à être la propriété du débiteur, doivent être déclarés à son décès.

42. **Brevets** *d'invention.* — Les brevets d'invention étant une propriété, doivent à ce titre être déclarés.

43. **Carrières.** — A déclarer la propriété de la surface et le droit d'exploiter.

44. **Cautionnement** *des comptables, des fonctionnaires, officiers publics et ministériels.* — Ils doivent être déclarés dans leur intégralité, quoique le comptable soit décédé en état de débet, le débet étant considéré, jusqu'à compensation, comme dette passive.

45. **Cheptel.** { Succession du bailleur, propriété des bestiaux.
Succession du preneur, droit au croît.

46. **Constructions.** — Les héritiers d'un locataire qui a élevé des constructions sur le terrain par lui loué, ayant le droit de les enlever, doivent les déclarer.

47. **Démolitions** (*Matériaux*). — Si la démolition d'une maison a été ordonnée pour cause d'utilité publique, avant le décès du propriétaire, l'indemnité accordée pour le sol et les maté-

riaux doit être comprise dans la déclaration, comme celle résultant d'un sinistre par incendie.

48. **Droit** *d'auteur*. — Lorsqu'un auteur dramatique a laissé des ouvrages de sa composition, donnant droit, pendant un temps déterminé, à une part d'auteur, la déclaration doit comprendre ce droit.

49. **Gage.** — Les choses données en gage, ne cessant pas d'appartenir au débiteur, doivent être déclarées à son décès.

50. **Houillères.** — Comme pour les carrières ; *voyez* ce mot.

51. **Mines.** — Comme pour les carrières; *voyez* ce mot.

52. **Pêche** *des étangs*. — La pêche des étangs donnant un revenu périodique, ce produit doit être déclaré.

53. **Pépinières.** — Doivent être déclarées, tant pour le sol que pour la superficie.

54. **Ruches** *à miel*. — Considérées comme meubles ou immeubles par destination. Ce produit est susceptible de déclaration.

55. Lorsqu'une acquisition a été faite par acte authentique au profit d'un individu, et le droit perçu sur cette acquisition, le jugement qui déclare que cette acquisition a rendu propriétaire le père de l'acquéreur apparent, des deniers duquel elle a été payée, et que l'ensemble fait partie de sa succession, donne lieu à un nouveau droit de mutation. (Inst. 2349, § 1er. Arr. de C. du 9 avril 1866).

Autre arrêt dans le même sens du 28 janvier 1811.

CHAPITRE DEUXIÈME.

EXEMPTIONS.

1° *Biens non susceptibles d'être déclarés.* — Mobilier des ambassadeurs : les héritiers ne sont tenus à déclarer que les créances et rentes dues par des Français, ainsi que les immeubles situés dans l'étendue de l'Empire. (Inst. 1303, § 9.)

2° *Biens acquis en France par des Anglais* (*statut personnel*). — La femme anglaise n'ayant, d'après la législation de son pays, aucun droit aux biens acquis pendant le mariage, il en résulte qu'à son décès aucun droit de mutation n'est exigible. (Arr. 30 janv. 1854, Inst. 2010, § 8.)

3° *Donation*, par contrat de mariage, d'une somme ou d'un immeuble, au choix du donataire, l'option ne pouvant avoir lieu qu'au décès du donateur.

Si le choix se porte sur l'immeuble, le droit de mutation n'est pas exigible, mais seulement celui fixé pour les donations faites par contrat de mariage. (Inst. 1173, § 5.)

4° *Donations de sommes payables au décès des donateurs.* — Ces sommes ne sont pas passibles du droit de mutation par décès lors de l'événement.

Pour la liquidation des droits de mutation à l'égard des successions ainsi grevées de donations entre-vifs, il y a lieu de se conformer aux règles prescrites par le paragraphe 7 de l'instruction 1156, pour l'imputation des droits perçus sur les actes de donation. (Arr. 18 fév. et 1er avril 1829, Inst. 1293, § 4.)

L'instruction 1187, § 6, se trouve modifiée par la jurisprudence fixée par les arrêts énoncés ci-dessus.

5° *Donations de sommes payables à volonté et non payées au décès.* — Il y a lieu à l'application du principe ci-dessus énoncé et conséquemment à déduction. (Inst. 1293, § 4; -1562, § 17; - 1590, § 10.)

6° Le retour conventionnel n'ayant pas lieu à titre de succession, n'est pas soumis au droit de mutation par décès.

7° *Société universelle ; corporations religieuses* ; *associés survivants.* — Les droits de mutation par décès, à raison de la clause d'accroissement, au fur et à mesure du décès de chaque sociétaire, ne peuvent être exigés, mais bien le droit de vente. (Arr. 22 août 1842, Inst. 1683, § 3 ; - 15 juin 1847, Inst. 1796, § 17; - 8 août 1848, Inst. 1825, § 9 ; 7 janv. 1850, Inst. 1857, § 4 ; - 19 nov. 1851, Inst. 1912, § 4.)

Aux termes de l'art. 27, § 3, de la loi du 22 frim. an VII, les créances de toute nature étaient assujetties au droit. (Arr. 21 déc. 1813, Inst. 1166, § 7.)

Même celles dues à l'étranger ; mais depuis, il a été reconnu, d'après un avis du comité des finances du Conseil d'État, du

11 mars 1829, transcrit dans l'Instruction 1282, § 6, que les créances dues et payables en pays étranger ne peuvent être assujetties au droit de mutation par décès. (Inst. 1498, § 6.)

Il y a toutefois l'exception résultant de la loi du 18 mai 1850, en ce qui concerne les fonds publics et actions des compagnies ou sociétés d'industrie et de finances étrangers dépendant d'une succession régie par la loi française. (Inst. 1852.)

Arbres épars ou de bordure. — L'élagage abandonné aux fermiers ne doit pas être l'objet d'un supplément d'évaluation pour fixer le revenu. (Inst. 405, § 4.)

8° *Rapport à succession.* — Lorsqu'à l'événement du décès d'une personne qui, par contrat de mariage, a fait donation à son conjoint de l'usufruit du tiers de ses biens, cet usufruit, autant qu'il peut porter sur une dot constituée postérieurement par les conjoints au profit d'un enfant commun, doit-il être assujetti au droit de mutation par décès, et le rapport fictif de la dot doit-il être fait pour la liquidation du droit à payer par l'époux donataire ?

L'affirmative n'est pas douteuse dans le cas où l'un des époux a disposé, au profit de l'autre, de la quotité disponible ; c'est ce qui a été reconnu par une délibération du conseil d'administration, du 19 juill. 1833 ; mais, au cas particulier, cette même délibération semble reconnaître implicitement qu'il n'y a pas lieu à rapport.

Par la constitution de dot par les époux, pour chacun moitié, celui qui profite du gain de survie est censé avoir renoncé à la portion d'usufruit s'appliquant à moitié de la dot afférente à son conjoint.

L'époux donateur ne s'est pas interdit le droit de disposer de tout ou partie de ses biens, et les termes mêmes de la donation éventuelle impliquent une réserve quant à l'exercice de cette faculté.

Ce principe paraît conforme aux art. 857 et 921 du Code Napoléon, et ne semble pas en opposition avec l'Instruction 1577, § 12.

9° *Biens vendus avec faculté de rachat.* — Ils ne doivent pas être compris dans la succession du vendeur, quand même les héritiers auraient fait le retrait de réméré, avant la déclaration de la succession. (Inst. 290, § 34.)

Le deuil auquel la veuve a droit, d'après les art. 1481 et 1570 du Code Napoléon, n'est point un avantage sujet au droit de succession.

10° *Dépôt.* — Les choses mises en dépôt étant la propriété du déposant, rien à déclarer de ce chef au décès du dépositaire.

11° *Secours viagers aux anciens militaires.* — Les arrérages ne sont pas susceptibles de déclaration. (Inst. 2148, § 4.)

12° *Valeurs attribuées aux hospices par l'art.* 8 *de la loi du* 15 *pluviôse an* XIII. — Biens délaissés par les enfants trouvés ou orphelins décédés sans héritiers. (Inst. 2132, § 4.)

CHAPITRE TROISIÈME.

VALEURS SUR LESQUELLES LE DROIT PROPORTIONNEL EST ASSIS.

Mode d'évaluation ; *mobilier.*— A défaut d'inventaire ou de procès-verbal de vente, les parties devront fournir un état des meubles et valeurs mobilières, avec estimation, article par article et sur papier timbré, en groupant toutefois les objets de même nature.

Les personnes illettrées sont dispensées d'en fournir. (Inst. 1400.)

Si le mobilier a été vendu après décès, c'est sur le prix de la vente que le droit doit être assis, et non sur la prisée de l'inventaire. *Voir toutefois l'Instruction* 2163, § 4.

La valeur peut, d'un autre côté, en être constatée par la commune renommée (art. 1415 du Code Napoléon), soit par le concours de présomptions graves, précises et concordantes (art. 1523). Inst. 1767, § 8 ; Arr. contr. 29 fév. 1860 (Inst. 2185, § 4.)

Créances et obligations ; capital exprimé dans les actes qui en font l'objet; actions dans les compagnies de finance, de commerce ou d'industrie ; inscriptions de rentes ; cours moyen de la bourse au jour du décès. — Pour trouver le capital, on multiplie le revenu par le cours et on divise le produit par le taux. A défaut de cours authentique, valeur nominale jusqu'à preuve contraire. Les rentes doivent être déclarées par numéros et séries et les actions par leur nombre.

Le receveur applique les droits à chacune de ces valeurs, afin de pouvoir servir la feuille de dépouillement mensuel qui contient cette indication ; si les actions ne sont pas cotées à la bourse, les héritiers peuvent être admis à faire des déclarations estimatives.

Actions immobilisées faisant partie d'un majorat. — C'est leur produit pour l'année antérieure au décès qui doit être déclaré et capitalisé au denier 10, pour la perception.

Décision ministérielle du 4 oct. 1825, décret du 24 juin 1808, art. 6.

Rentes; capital de la constitution. — S'il n'en est point exprimé, il doit être établi au denier 20 du taux de la rente.

Le legs d'une rente ou pension pendant un nombre d'années déterminé ne doit êtrecapitalisé qu'au denier 10, ou pour le nombre des années, s'il est inférieur à 10.

Immeubles de toute nature. — Revenu brut sans distraction des charges, capital au denier 20 pour la toute-propriété, et au denier 10 pour l'usufruit. (Arr. 9 avril 1862, Inst. 2239, § 6.)

Bois et forêts. — S'il y a aménagement, c'est le produit moyen pendant la durée de l'aménagement qui doit être déclaré.

S'ils se coupent en une seule fois, le revenu est déterminé par le prix de la coupe divisé par l'âge du bois coupé. (Inst. 1229, § 2; -2054, § 4.)

Bail à portion de fruits. — Estimation à faire au taux des mercuriales des trois dernières années (voyez *Poursuites*). (Arr. 9 mai 1826, Inst. 1200, § 4.)

Emphytéose. — Estimation à faire de tous les avantages assurés à ce titre. (Arr. 17 nov. 1852, Inst. 1986, § 7.)

Quotité disponible. — Un quart en propriété, un quart en usufruit, ou l'usufruit de moitié ; c'est d'après l'option que les droits doivent être réglés. (Arr. 4 déc. 1832, Inst. 1437, § 10.)

La dot constituée par le défunt, au profit de l'un de ses enfants, doit être rapportée fictivement, pour établir l'importance de la quotité disponible et asseoir les droits en conséquence. (Arr. 19 janv. 1834, Inst. 1577, § 12.)

Lorsqu'un mari a donné à sa femme tout ce dont il pouvait disposer, les enfants ne peuvent plus rien recevoir à titre de libéralité. (Arr. 27 déc. 1848; - 7 mars 1846.)

CHAPITRE QUATRIÈME.

DÉLAIS.

Six mois, si le décès a eu lieu en France; huit mois dans toute autre partie de l'Europe; une année pour les décès arrivés en Amérique; deux années s'ils ont eu lieu en Afrique ou en Asie (art. 24 de la loi du 22 frim. an VII).

Si, avant les derniers six mois de délai fixé pour les déclarations des successions de personnes décédées hors de France, les héritiers prennent possession des biens, il ne restera d'autre délai à courir, pour passer déclaration, que celui de six mois à compter du jour de la prise de possession.

Dans les délais ci-dessus fixés, le jour de l'ouverture de la succession ne sera point compté.

Si le dernier jour du délai se trouve être un dimanche ou un jour férié, ces jours-là ne seront point comptés non plus (art. 25 de la loi du 22 frim. an VII).

Les héritiers d'un étranger possédant des rentes inscrites au grand-livre de la dette française, sont tenus, comme les nationaux, au demi-droit en sus, à défaut de déclaration dans le délai voulu. (Inst. 2003, § 2.)

CHAPITRE CINQUIÈME.

BUREAUX OU LES DÉCLARATIONS DOIVENT ÊTRE PASSÉES.

Pour les immeubles, au bureau dans la circonscription duquel ils sont situés.

Le mobilier corporel, ainsi que l'or et l'argent, au bureau dans l'arrondissement duquel ils se trouvent au moment du décès.

Les autres biens meubles sans assiette déterminée, au bureau du domicile du décédé.

Les actions, dans les compagnies financières, commerciales ou industrielles, appartenant à des étrangers qui n'ont pas de domicile ou résidence en France, au bureau dans l'arrondissement duquel se trouve le siége de l'administration.

Inscriptions de rentes sur l'Etat, dépendant de successions d'étrangers, ouvertes hors du territoire français, doivent être déclarées à Paris. (Inst. 2148, § 3.)

CHAPITRE SIXIÈME.

DU PAIEMENT DES DROITS ET DE CEUX QUI DOIVENT LES ACQUITTER. ACTIONS ET PRIVILÉGES.

Les droits seront payés par les héritiers, donataires ou légataires.

Les cohéritiers seront solidaires (tit. 5, n° 32 de la loi du 22 frim. an VII).

L'État aura action sur les revenus des biens à déclarer, en quelques mains qu'ils se trouvent, pour le paiement des droits dont il faudrait poursuivre le recouvrement (Loi du 18 avril 1831).

Les droits de mutation peuvent être réclamés contre les héritiers directs ayant la saisine légale, bien qu'ils n'aient pas pris qualité. (Arr. 7 mars 1842 ; Inst. 1675, § 5.)

L'administration a sur les valeurs mobilières un droit de préférence vis-à-vis des créanciers de l'héritier. (Arr. 28 juill. 1851, Inst. 1900, § 8.)

L'action résultant de l'art. 32 de la loi du 22 frim. an VII peut être exercée solidairement contre un ou plusieurs cohéritiers ; mais il est préférable d'agir contre les majeurs et ceux qui disposent de leurs droits, notamment les plus solvables. (Inst. 1146, § 18, 6e alinéa.)

D'après l'avis du Conseil d'État, du 4 sept. 1810, l'action de l'administration réservée par l'art. 32 ci-dessus ne peut être exercée contre les tiers acquéreurs. (Inst. 1900, § 8.)

La jurisprudence résultant des quatre arrêts du 23 juin 1857 (Inst. 2144, § 8), avait laissé intact le privilége du Trésor sur les biens à déclarer.

L'arrêt du 2 décembre 1862 (Inst. n° 2244, § 3) reconnaît expressément ce privilége et décide en outre qu'il atteint même les revenus des biens de la succession d'un failli, décédé depuis le jugement déclaratif de sa faillite.

CHAPITRE SEPTIÈME.

DES PEINES POUR DÉFAUT DE DÉCLARATION DANS LES DÉLAIS. — INSUFFISANCE OU OMISSIONS.

Demi-droit en sus pour défaut de déclaration à temps utile ; double droit pour fausse évaluation ou omissions, déclaration provisoire non complétée dans les six mois (double droit exigible). (18 janv. 1825, Inst. 1166, § 5.)

Les peines étant personnelles, les héritiers de celui qui les a encourues n'en sont point responsables.

Les tuteurs et curateurs les supportent personnellement.

Les étrangers, comme les nationaux, en sont également passibles. (Inst. 2003, § 2.)

Si l'héritier d'une succession est en faillite, cette circonstance ne fait pas obstacle au paiement des droits dans leur intégralité, à moins qu'il ne soit justifié de l'homologation d'un concordat avant l'ouverture de la succession.

Il en est de même de toutes les créances sur les faillis ; si le concordat n'était pas homologué avant le décès du créancier, la créance devrait être déclarée intégralement.

CHAPITRE HUITIÈME.

DES PRESCRIPTIONS.

Fausses évaluations. } 2 ans. (Loi du 22 frim. an VII, tit.
Expertises . . . . . } 3, nº 24.)
Omissions . . . . 5 ans. } (Loi du 18 mai 1850,
Successions non déclarées. 10 ans. } nº 11.).

Rentes sur l'État à déclarer, 30 ans (art. 26 de la loi du 8 juill. 1852). (Inst. 1933.)

La maxime de droit civil d'après laquelle la prescription ne court point contre qui ne peut agir, n'est point applicable en matière d'enregistrement. La disposition de l'art. 61 de la loi du 22 frim. an VII est absolue et ne souffre aucune distinction. (Inst. 1437, § 5 ; -1451, § 3 ; - 1467, § 4 ; Arr. 10 déc. 1838 ; 23 janv. 1839, Inst. 1590, § 15 ; 10 juin 1839, Inst. 1601, § 11.) — Voir *Restitutions*.

Le défaut de perception du droit de mutation par décès, sur des biens dont l'existence et la valeur sont constatées dans une déclaration de succession où l'héritier a exprimé l'opinion que ces biens ne faisaient pas partie de l'hérédité, constitue une insuffisance de perception soumise à la prescription biennale.

Il est donc prudent de percevoir, dans ce cas, et nonobstant les réserves dont certains biens sont l'objet, le droit sur l'intégralité des biens mentionnés, sauf à l'héritier à se pourvoir en restitution, s'il y a lieu, comme le porte l'art. 28 de la loi du 22 frim. an VII. (Arr. 14 août 1850, Inst. 1875, § 6.)

Biens recouvrés par les héritiers. — A défaut de poursuites, dans la période actuellement décennale, à raison de la réintégration des héritiers dans un bien, par suite d'arrêt postérieur au décès, la prescription peut être utilement invoquée par eux. (Arr. 8 mars 1826, Inst. 1189, § 5 ;-20 août 1827, Inst. 1229, § 3.)

Testament mystique ouvert et enregistré plus de 5 ans après le décès, actuellement 10 *ans.* — Aux termes des arrêts de cassation des 22 brum. an XIV et 30 mars 1813, la prescription ne commence à courir contre l'administration que du jour où elle a été en état d'agir, c'est-à-dire à partir du jour de l'enregistrement du testament, car elle n'a pas qualité pour en provoquer l'ouverture. (Arr. 26 juill. 1825, Inst. 1200, § 14.)

Décès en pays étranger. — Le jugement d'envoi en possession fait seul courir le délai de 10 ans. (Arr. 7 mai 1833, Inst. 1437, 11.)

Si le légataire est saisi du jour du décès du testateur, bien que le legs ne soit payable qu'après le décès d'un tiers, le droit de mutation n'en est pas moins dû, et, à défaut de réclamation à temps utile, la prescription est opposable. (Inst. 1451, § 4.)

CHAPITRE NEUVIÈME.

DES POURSUITES ET INSTANCES.

Contrainte à signifier conformément à l'art. 27 de la loi du 22 frim. an VII, pour la déclaration à fournir en exécution de l'art. 24 de ladite loi.

Expertise à provoquer dans les 2 ans de la déclaration, pour insuffisance d'estimation du revenu des biens (art. 19 de la loi du 22 frim. an VII).

Lorsqu'il y a lieu à l'expertise, les frais en résultant, quel que soit le chiffre de l'augmentation de revenu, fût-il inférieur à un huitième, restent à la charge des parties. (Arr. 21 mai 1824, Inst. 1146, § 5 ; - 9 mai 1826, Inst. 1200, § 4.)

L'expertise des biens recueillis par des contumax et mis sous le séquestre peut être valablement requise contre un curateur *ad hoc*, pour constater l'insuffisance du revenu attribué à ces mêmes biens dans une déclaration faite après le décès du testateur. (Arr. 6 déc. 1836, Inst. 1539, § 6.)

Dans aucun cas, la voie de l'expertise ne peut être réclamée dans l'intérêt des parties, ainsi qu'il résulte des arrêts énoncés au n° 2 du § 4 de l'instruction 1293. (Arr. 19 août 1829, Inst. 1303, § 8 ; - 9 déc. 1835, Instr. 1513, § 3, 4 ; - 3 mars 1840, Inst. 1618, § 5.)

L'expertise du fait des parties, postérieure à la déclaration et portant le revenu des biens à une somme supérieure à celle déclarée, peut leur être valablement opposée.

Double droit exigible sur le capital de la différence. (Arr. 18 janv. 1825, Inst. 1166, § 5.)

Quand il y a bail courant, une autre base d'estimation ne peut pas prévaloir. Jurisprudence fixée par les arrêts du 18 fév. 1807, 5 avril 1808, 13 fév. 1809 et 23 mars 1812.

Un bail n'est pas réputé courant, si son expiration a eu lieu avant le décès, même lorsque la jouissance est laissée aux fermiers, par une sorte de tacite réconduction.

Il ne peut donc être opposé à l'administration, et l'expertise est valablement requise. (Arr. 2 juin 1847, Inst. 1796, § 10; - 19 nov. 1850, Inst. 1883, § 4.)

Bail à portion de fruits. — L'estimation doit être faite d'après les mercuriales, au taux moyen des trois dernières années, conformément au décret du 26 avril 1808, bien que la loi du 15 mai 1818 en ait fixé le nombre à quatorze. (Arr. 9 mai 1826, Inst. 1200, § 4.)

Lorsqu'un acte émanant des parties ou de leur fait, établit le revenu des biens, on peut se dispenser d'avoir recours à l'expertise. (Arr. 26 fév. 1851, Inst. 1883, § 8.)

Héritier en faillite. (Voir chap. 7 *in fine.*)

Par arrêt du 9 juill. 1863, Inst. 2274, § 6, la Cour de cassation a décidé que lorsqu'une contrainte a été décernée pour le paiement des droits dont la liquidation est subordonnée à une déclaration des parties, celles-ci ne sont recevables dans leur opposition qu'autant qu'elles ont fait préalablement cette déclaration et acquitté les droits exigibles.

Une contrainte signifiée à des héritiers bénéficiaires fait suffisamment connaître la créance du Trésor et doit être considérée comme une opposition dans le sens de l'art. 808 du Code Napoléon. Partant, si l'actif de la succession est distribué en tout ou en partie, ces héritiers sont responsables du préjudice causé au Trésor. (Inst. 2348, § 8. Arrêt de C. du 13 mars 1866.)

CHAPITRE DIXIÈME.

RENONCIATIONS.

La renonciation, d'après les art. 780 et 786 du Code Napoléon, doit être pure et simple et avoir pour effet de faire passer les droits du renonçant à ses cohéritiers ou au degré subséquent. (Arr. 10 nov. 1847, Inst. 1847, Inst. 1814, § 13.)

La renonciation partielle, conditionnelle à un legs, ne dispense pas du paiement du droit sur l'intégralité du legs.

Les héritiers bénéficiaires ne peuvent plus renoncer à la succession. (Arr. 1er fév. 1830, Inst. 1320, § 5; - 24 avril 1833, Inst. 1437, § 9; 7 avril 1835, Inst. 1498, § 7; 12 juill. 1836, Inst. 1528, § 10;-28 août 1837, Inst. 1562, § 19.)

Renonciations faites en fraude et dans le seul but d'éviter les droits. (Arr. 24 nov. 1857, Inst. 2118, § 6;-13 mars 1860, Inst. 2185, § 5; 18 juill. 1860, Inst. 2185, § 6.)

Les renonciations à une succession ou à un legs, faites devant notaire, sont admises comme celles faites au greffe. (Inst. 386, § 27.)

La renonciation à une succession qui est simulée et qui n'a eu pour but que d'éluder le paiement du droit de mutation, ne peut produire effet contre l'administration. (Inst. 2348, Arr. de C. du 17 janv. 1866.)

Renonciation, Donation entre époux. — Lorsqu'il y a présomption de fraude et que des faits viennent à l'appui, les droits doivent être réclamés nonobstant la renonciation. (Inst. 2274, § 7; Arr. de C. du 17 août 1863.)

Acte d'héritier. — Cet acte, impliquant acceptation, ne peut pas être détruit par une renonciation ultérieure. Les droits acquis au Trésor par suite de l'acceptation d'un legs, tacitement ou autrement, ne peuvent être affectés ni diminués par une renonciation ultérieure. (Arr. 18 nov. 1851, Inst. 1912, § 5; 7 mars 1855, Inst. 2042, § 6.)

CHAPITRE ONZIÈME.

RESTITUTIONS.

Les droits payés par les héritiers bénéficiaires ne sont pas restituables. (Arr. 3 février 1829, Inst. 1282, § 5.)

Ces droits acquittés, soit par les légataires en vertu de testament postérieurement annulé en justice, soit par des héritiers plus tard évincés de la succession, ne sont pas sujets à restitution, s'ils ont d'ailleurs été régulièrement perçus. (Arr. 11 mars 1840, Inst. 1618, § 8; - 7 avril 1840, Inst. 1630, § 7; - 1er et 15 juill. 1840, Inst. 1634, § 13; - 38 juin 1841, Inst. 1663, § 12; - 6 août 1849, Inst. 1844, § 14; - 15 janv. 1850, Inst. 1857, § 14; - 10 juill. 1860, Inst. 2185, § 7; - 13 nov. 1860, Inst. 2190, § 5.)

Voir au mot *Prescription* (page 27), les instructions intervenues à l'occasion d'arrêts rendus sur des demandes en restitution. (Inst. 1437, § 5; 1451, § 3; - 1467; § 5; Arr. 10 déc. 1838; 23 janv. 1839, Inst. 1590, § 15; - 10 juin 1839, Inst. 1601, § 11.)

Lorsqu'un droit a été payé sur une valeur reconnue ultérieurement ne pas appartenir à la succession, l'art. 60 de la loi du 22 frim. an VII ne fait pas obstacle à sa restitution. (Arr. 23 janv. 1849, Inst. 1837, § 2.)

CHAPITRE DOUZIÈME.

SUCCESSIONS D'ABSENTS.

D'après l'art. 11 de la loi du 11 vent. an II, tout militaire dont l'absence est présumée ne cesse point pour cela d'être réputé vivant; et jusqu'à ce que l'absence soit judiciairement constatée, il est apte à recueillir toutes successions. Or, ses héritiers se mettant en possession de ses biens, doivent déclarer tous ceux qu'il a recueillis à titre successif, depuis son départ, comme ceux qu'il possédait avant. (Arr. 30 juin 1825, Inst. 1187, § 8.)

Arrêt contraire rapporté dans l'instruction. (Arr. 17 fév. 1829, Inst. 1293, § 5.)

Lorsqu'il y a prise de possession de fait, les droits sont exigibles, et le délai pour en opérer le recouvrement est de dix ans, à partir du jour de la prise de possession. (Arr. 29 mai 1832, Inst. 1410, § 9; - 12 mai 1834, Inst. 1467, § 4.)

CHAPITRE TREIZIÈME.

SUCCESSIONS D'ÉTRANGERS.

Les biens de toute nature et créances exigibles en France sont soumis au droit de mutation par décès. (Inst. 290, § 37.)

Les créances, quoique payables à l'étranger, hypothéquées sur des immeubles situés en France, doivent être déclarées. (Arr. 27 juill. 1819 ; - 16 juin et 10 nov. 1823, Inst. 1229, § 4 ; - 29 août 1837, Inst. 1562, § 18.)

Hors les conditions ci-dessus, les droits de mutation ne sont pas dus, même lorsque le créancier aurait son domicile en France et y serait décédé. (Avis du Conseil d'État du 11 fév. 1829.) (Inst. 1282, § 6.)

Les rentes inscrites au grand-livre de la dette française doivent être déclarées, comme aussi celles provenant de successions ouvertes dans les colonies. (Inst. 2003, § 3.)

Lorsqu'un partage comprend des biens situés en France et d'autres situés en pays étranger, la déclaration doit être passée comme si la succession n'était composée que de biens situés en France. (Arr. 8 déc. 1840.)

CHAPITRE QUATORZIÈME.

SUCCESSIONS VACANTES.

Différence d'une succession vacante avec une succession en déshérence.

Cette différence, dont la nuance paraît au premier abord difficilement perceptible, n'est autre que celle-ci :

Une succession est réputée vacante quand personne ne se présente à l'hérédité, même les successeurs irréguliers, et notamment le domaine.

Elle est en déshérence quand, à défaut d'héritiers ou par suite de leur renonciation ou abstention, le domaine intervient pour l'appréhender à ce titre comme successeur irrégulier.

Le droit des successions vacantes est dû au taux fixé par le degré de parenté des héritiers qui ont renoncé.

Si la succession est vacante à défaut d'héritiers connus, le droit est dû au taux fixé pour les collatéraux les plus éloignés, mais non d'après la quotité due pour le légataire ou l'héritier institué. (Inst. 290, § 70; - 386, § 33.)

Le curateur, sans être tenu personnellement des droits, doit les acquitter jusqu'à concurrence des valeurs de la succession, en sa qualité d'administrateur.

Le privilége de l'administration pour le recouvrement des droits ne se borne pas aux fruits des immeubles, mais s'étend à la totalité des valeurs mobilières et même aux immeubles lorsqu'elle a pris inscription (après le paiement des créances inscrites antérieurement). (Arr. 3 déc. 1839.)

CHAPITRE QUINZIÈME.

SUCCESSIONS IRRÉGULIÈRES DÉVOLUES A L'ÉTAT A TITRE DE DÉSHÉRENCE.

La marche à suivre pour faire ordonner l'envoi en possession remplir les formalités préalables (publications légales) est tracée par les instructions ci-contre. (Inst. 219, 300, 517, 1118, 1373.)

La demande d'envoi en possession est facultative pour le domaine, qui a le droit d'intervenir ou de s'abstenir, après appréciation de l'actif et du passif.

L'instruction 1407 ci-contre, en réglant les attributions des préfets et de l'administration des domaines, a levé à cet égard toutes les difficultés. (Inst. 1407.)

Lorsque les héritiers rentrent en possession des biens appréhendés par l'État à titre de déshérence, le délai de six mois pour le paiement des droits de mutation par décès court du jour de la notification qui leur est faite de la décision de M. le ministre des finances, approbative de leur envoi en possession.

CHAPITRE SEIZIÈME.

SUCCESSIONS PAR SUITE D'ADOPTION.

L'adopté ayant les mêmes droits que s'il était enfant légitime, les droits sont les mêmes qu'en ligne directe.

C'est à titre de succession et non par suite d'un retour légal que les enfants de l'adoptant héritent de la part de l'adopté dans la succession restée indivise du premier, et les droits sont dus. (Inst. 1307, § 11.)

CHAPITRE DIX-SEPTIÈME.

ENFANTS NATURELS.

En règle générale, les mutations qui s'effectuent au profit des enfants naturels ou de leurs descendants légitimes, par le décès de leurs pères et mères, ne donnent ouverture qu'au droit établi pour les successions en ligne directe (art. 756 et 759 du Code Napoléon). (Inst. 239.)

L'avant-dernier alinéa de l'art. 53 de la loi du 28 avril 1816 a dérogé à cette règle pour le cas où les enfants naturels sont appelés à la succession à défaut de parents au degré successible. (Inst. 1796, § 15.)

Les enfants naturels, n'étant pas héritiers d'après l'art. 756 du Code Napoléon, ne peuvent profiter de l'accroissement résultant de la renonciation à la succession par un héritier à réserve. (Inst. 1490, § 6.)

Quotité du droit.	
	Ligne directe, lorsqu'un enfant naturel se présente en qualité de légataire universel. (Arr. 5 avril 1852, Inst. 1946, § 2.)
	9 p. 100, lorsqu'il vient à la succession en vertu de l'art. 758 du Code Napoléon. (Arr. 12 avril 1847, Inst. 1796, § 16.)

CHAPITRE DIX-HUITIÈME.

CHARGES.

Les sommes données par l'auteur de la succession et payables à son décès doivent être considérées comme charges, et à ce titre ne donnent lieu à aucune déduction.

Toutefois, suivant les deux arrêts des 18 fév. et 1er avril 1829, insérés dans l'instruction 1293, § 4, il en est autrement quand la somme due lors de l'ouverture de la succession sion a été donnée par l'auteur de la succession à l'un de ses héritiers.

Dans ce cas, les titres de donataire et d'héritier se confondent, et il y a lieu, pour la liquidation, de se conformer aux règles indiquées par les instructions 1293, § 4, et 1432 *in fine*. (Arr. 26 juin 1849, Inst. 1844, § 9; - 20 nov. 1849, Inst. 1857, § 5; - 31 janv. 1854, Inst. 2010, § 9; - 19 juin 1856, Inst. 2054, § 7.)

Les reprises respectives des époux ne peuvent être exercées que sur les biens de communauté. L'insuffisance ne donne lieu qu'à une action hypothécaire, charge dont il ne peut être fait distraction, aux termes de l'art. 15, n° 7, de la loi du 22 frim. an VII. (Arr. 18 mai 1824, Inst. 1146, § 4.)

Elles doivent être, au surplus, justifiées, à moins qu'elles ne concernent la succession du défunt.

Les reprises de la femme survivante (exclusion de communauté) ne sont pas susceptibles d'être déduites. (Inst. 1263, § 3.)

Convention attribuant au mari la totalité de la communauté et une somme fixe à la femme.

Cette somme, considérée comme créance, est une charge non susceptible de déduction, lors du paiement des droits afférents à la succession du mari. (Arr. 17 janv. 1854, Inst. 2010, § 7.)

Part de l'auteur d'une succession dans une société de commerce. — Quand le partage n'a point encore été effectué, il n'y a lieu à déclarer que l'émolument net du défunt, distraction faite de sa quote-part de dettes. (Inst. 1293, § 6.)

CHAPITRE DIX-NEUVIÈME.

TARIFS.

Ligne directe. . .	Meubles, immeubles, actions, rentes sur l'État et à l'étranger.	1 00 0/0
	Legs par testament, à charge de restitution	1 50 0/0
Ligne entre époux.	Meubles et immeubles.	3 00 0/0
Ligne collatérale. .	Frères, sœurs, oncles, tantes, neveux et nièces.	6 50 0/0
	Grands oncles, petits-neveux, cousins germains	7 00 0/0
	Parents au delà du 4e degré jusqu'au 12e.	8 00 0/0
Étrangers		9 00 0/0

CHAPITRE VINGTIÈME.

MODÈLES DE DÉCLARATIONS.

M. B.   est décédé le   , laissant pour héritiers trois enfants. La veuve existe. Ils étaient mariés sous le régime de la communauté légale, à défaut de contrat de mariage.

Communauté. — Meubles d'après inventaire reçu, Me   , notaire à   , le   , ou d'après état joint à la déclaration, ci . . . . 1,050 »

Moitié à la succession. . . . . 525 »

Immeubles acquis (en donner le détail) du revenu annuel de.	120 »		
Moitié à la succession.	60 »		
Immeubles propres au défunt (en donner le détail), revenu. .	370 »		
Total.	430 »	cap. au den. 20,	8,600 »

Droit à 1 0/0 sur les meubles.	5 40	91 40
Sur les immeubles. .	86 »	

Dans le même cas que dessus, si le mari, par un testament (en rappeler la date et l'enregistrement) avait légué à sa femme, soit l'usufruit de moitié de ses biens, soit 1/4 en propriété et un autre quart en usufruit, la veuve paierait en outre, savoir :

Pour jouissance de moitié,

Les meubles estimés 525 fr. Moitié en usufruit.		262 50	
Valeur représentative.		131 25	
Droit à 3 0/0.			4 20
Moitié du revenu des immeubles.	215 »		
Capital au denier 10. . .	2,150 »	Droit à 3 0/0.	64 80
Total.			69 »

Pour 1/4 en propriété et 1/4 en usufruit, liquidation des droits ainsi qu'il suit :

Meubles, 525 fr.	1/4 en propriété	131 25		
	1/4 en usufruit.	65 62		
		196 87	Droit à 3 0/0.	6 »
Immeubles, 8,600 fr.	1/4 en propriété	2,150 »		
	1/4 en usufruit.	1,075 »		
		3,225 »	Droit à 3 0/0.	97 20
			Total.	103 20

A la charge des enfants. — Meubles, 525 fr., 3/4 aux enfants, sans avoir égard au quart grevé d'usufruit au profit de leur mère, 393 fr. 75 c., droit à 1 0/0. . . . . 4 »

Immeubles, 8,600 fr., 3/4 aux enfants, 6,450 fr., droit à 1 0/0. . . . . 64 60

Total. 68 60

Dans tous les cas analogues, et ce sont ceux qui se présentent le plus souvent, on procédera comme ci-dessus.

Si c'est la femme qui est décédée, on opérera également de la même manière, en ajoutant à la moitié, dans la communauté, ses biens propres, si elle en possédait.

Liquidation de communauté.

M. B. est décédé le , laissant une veuve et pour héritiers quatre enfants. Il y a contrat de mariage.

Meubles et créances.		7,320 »
Reprises des époux, résultant du contrat de mariage :		
La femme, son apport de.	3,000 »	3,840 »
Le mari, son apport de.	840 »	
Bénéfice à la communauté.		3,480 »
Moitié au mari.	1,740 »	2,580 »
Ses reprises	840 »	
L'autre moitié à la femme.	1,750 »	4,740 »
Ses reprises	3,000 »	
Total égal à l'actif mobilier de la communauté. . .		7,320 »

Quand les valeurs mobilières de la communauté ne suffisent pas pour les reprises, le surplus s'exerce sur les immeubles de communauté, s'il y en a. Exemple :

Meubles et créances. — Comme ci-dessus.		7,320 »
Immeubles. — Une maison acquise pendant le mariage, du revenu de 750 fr., au capital par 20, de.		15,000 »
Total.		22,320 »
Reprises de la femme.	4,400 »	10,200 »
Reprises du mari.	5,800 »	
Reste à partager.		12,120 »
Moitié pour chaque époux		6,060 »

La femme a ses reprises.	4,400 »	10,460 »
Son bénéfice de communauté.	6,060 »	

Comme la femme exerce la première ses reprises, d'abord sur les valeurs mobilières, ensuite sur les immeubles, il lui est attribué :

1° En meubles et créances.	7,320 »
2° A prendre sur l'immeuble.	3,140 »
	10,460 »
Le mari : 1° Ses reprises.	5,800 »
2° Son bénéfice de communauté	6,060 »
	11,860 »

reporter.	10,460 »

Report.	10,460 »	
Il lui est attribué le surplus de l'immeuble	11,860 »	
Total égal à l'actif. . .	22,320 »	
Droit à 1 0/0.		118,60 »

Si la femme était décédée la première, le droit aurait été perçu ainsi :

Sur 7,320 fr. de valeurs mobilières à 1 0/0.	73 20
Sur 3,140 fr. à prendre sur l'immeuble, à 1 0/0. . .	31 40
Total.	104 60

Si le mari avait légué à sa femme une moitié de ses biens en usufruit, ou 1/4 en propriété et 1/4 en usufruit, on opérerait comme dans le cas présenté plus haut.

Autre liquidation de communauté.

M. C. est décédé à , le , laissant pour héritiers quatre enfants. On observe qu'à défaut d'inventaire, comme il a déjà été dit ci-devant, on doit fournir sur timbre un état détaillé des valeurs mobilières. S'il y a inventaire, il servira de base à la déclaration, et si les meubles ont été vendus publiquement pour un prix supérieur à la prisée de l'inventaire, c'est ce prix qui doit être déclaré. (Voir toutefois l'Instruction 2,163, § 4.)

Meubles			3,140 »
Créances.	1° Sur (nom du débiteur).	6,000 »	14,750 »
	2° Sur.	4,000 »	
	3° Sur.	4,750 »	
Intérêts dus au jour du décès.			725 »
			18,615 »

Le défunt a laissé une veuve. Il y a contrat de mariage.

Reprises de la veuve :

1° Son apport par contrat de mariage	2,400 »	
2° Aliénation d'un immeuble propre (il faut de toute nécessité rappeler l'acte) dont le prix a été payé pendant la durée de la communauté.	3,500 »	
A Reporter.	5,900 »	18,615 »

Report.		5,900 »	18,615 »
3° A reçu, pendant la communauté, la somme de 1,500 fr., montant d'un legs qui lui a été fait par Mme , sa tante, suivant testament reçu par Me , notaire, enregistré le.		1,500 »	
Total des reprises de la femme. .		7,400 »	
Reprises du mari :			
Son apport par contrat de mariage, ci.	8,450 »		
Mais il doit l'indemnité se composant du prix d'acquisition d'une portion d'immeubles indivis avec lui, d'une soulte d'échange sur immeubles dont il avait déjà une partie, parce que les prix et soulte ont été payés, dans son intérêt, des deniers de la communauté.	5,000 »		
Reprises réduites. .	3,450 »	3,450 »	
Reste à déduire. .		10,850 »	10,850 »
Reste en bénéfice. .			7,765 »

Moitié à la succession.	3,882 50	7,332 50
Reprises	3,450 »	
L'autre moitié à la veuve.	3,882 50	11,282 50
Ses reprises	7,400 »	
Total égal.		18,615 »
Droit à 1 0/0 sur 7,332 fr. 50.		73 40

Autre liquidation.

Décès, soit du père, soit de la mère, laissant pour héritiers des enfants.

Valeurs mobilières de la communauté.	40,875 »
Reprises de la veuve, d'après le contrat de mariage..	5,830 »
Reprises du mari, ci..	8,000 »
Mais le mari doit récompense, comme ayant payé des deniers de la communauté une somme de 17,450 fr. pour ac-	
A reporter.	54,705 »

Report. . . . . 54,705 »

quisition de moitié d'une maison située à , rue , n° , suivant acte reçu par M^e , notaire à , le . . 17,450 »

Excédant de. . . . . 9,450 »

A porter en actif de communauté, ci. . . . . 9,450 »

Total. . . . . 50,325 »

Déduire les reprises de la veuve. . . . . . . 5,830 »

Reste à partager.. . . . . 44,495 »

Moitié à la femme.. . . .	22,247 50	28,077 50
Ses reprises..	5,830 »	
Moitié au mari.	22,247 50	
Déduire la récompense portée fictivement à l'actif..	9,450 »	
Reste..	12,797 50	12,797 50
Total égal à l'actif..		40,875 »

Sur 12,797 fr. 50 c. à 1 0/0. . . . . 128 »

Immeubles propres au mari. — La totalité de la maison située à , rue , n° , dont la moitié a été acquise pendant le mariage. Sur le prix de cette maison la veuve a reçu une indemnité.

Revenu de cette maison. . . . . 2,400 »

Capital au denier 20. . . . . 48,000 »

Droit à 1 0/0. . . . . 480 »

S'il y a d'autres immeubles propres, il faut les ajouter.

Autre liquidation.

C'est la femme qui est décédée.

Valeurs mobilières. 980 »

Immeubles acquis (en donner le détail), revenu annuel de 450 fr., capital au denier 20. . . . . 9,000 »

9,980 »

Les reprises de la femme résultant de son contrat de mariage, ou de la vente de ses biens propres (rappeler les actes), s'élèvent à 15,000 »

Conséquemment, elle absorbe la communauté et reste créancière du mari de 5,020 fr. montant du déficit.

La succession se compose :

1° Des meubles..	980 »	6,000 »
2° De la créance sur le mari.	5,020 »	

A reporter. . . . . 6,000 »

Report.	6,000 »
3° Des immeubles.	9,000 »
Total égal.	15,000 »

Droit suivant le degré de parenté des héritiers.

Si c'eût été le mari qui fût mort, la déclaration eût été négative.

Autre liquidation.

Mme B.   est décédée le

Héritiers, 3 enfants. Le mari vivant.

Communauté	Meubles.		1,320 »
	Maison du revenu de 200 francs, capital par 20.		4,000 »
	Total.		5,320 »
Reprises d'après le contrat de mariage :			
La femme.		4,800 »	6,600 »
Le mari.		1,800 »	
	Déficit à supporter par le mari. . .		1,280 »

Attribué à la succession :	
1° Les meubles.	1,320 »
2° A prendre sur les immeubles. . . .	3,480 »
	4,800 »

Un immeuble propre, du revenu de 100 fr., capital au denier 20. . . .	2,000 »		
Ainsi, la succession se compose :			
Des meubles de communauté.	1,320 »		
Effets personnels de la défunte.	95 »		
	1,415 »	Droit à 1 0/0.	14 20
De la portion qui lui a été attribuée sur les immeubles de la communauté, ci.	3,480 »		
De l'immeuble propre.	2,000 »		
Total. . . .	5,480 »	Droit à 1 0/0.	54 80
			69 »

Dans le même cas, si le mari a l'usufruit de moitié ou un quart en propriété et un quart en usufruit, en vertu, soit du contrat de mariage, soit d'un testament, on liquidera le droit à sa charge ainsi qu'il suit :

1° Usufruit de moitié.

Meubles estimés 1,415 fr., demi en usufruit		707 50	
Valeur représentative, demie		353 75	
Droit à 3 0/0			10 80
Immeubles estimés		5,480 »	
Demi en usufruit	2,740 »		
Valeur représentative, demie	1,370 »		
Droit à 3 0/0			41 40

2° Un quart en propriété et un quart en usufruit.

Meubles		1,415 »	
Un quart des meubles en propriété	353 75	530 62	
Un quart en usufruit représenté par	176 87		
Droit à 3 0/0			16 20
Immeubles		5,480 »	
Un quart en propriété	1,370 »	2,055 »	
Un quart en usufruit, représenté par	685 »		
Droit à 3 0/0			61 80

Dans ce dernier cas, les enfants acquittent le droit sur trois quarts, sans avoir égard au quart grevé d'usufruit envers leur père.

Successions grevées de legs.

M. D.   est décédé le   , sa veuve légataire universelle instituée par testament du   , enregistré le   , à charge de payer les legs suivants :

A un frère du défunt	1,000 »	3,300 »
A un petit-neveu	800 »	
A sa fille de soins, une pension viagère de 150 f., capital au denier 10	1,500 »	

Après liquidation de la communauté, la succession se compose :

1° De meubles et créances montant à	1,420 »
2° D'immeubles du revenu de 700 fr., capital	14,000 »
	15,420 »
Legs à déduire	3,300 »
Reste à la légataire universelle	12,120 »

Liquidation.

1er legs, 1,000 fr. s'appliquant aux meubles à 6 fr. 50 c. 0/0..				65 »
2e legs, 800 fr.	Meubles, 420 fr. / Immeubles, 380 fr.	7 0/0	29 40 / 26 60	56 »
3e legs, 1,500 fr. à 9 0/0..				135 »
Legs universel, 12,120 fr. à 3 0/0..				363 60
Total.				619 60

Il arrive quelquefois que le légataire universel refuse de payer les droits dus par les légataires particuliers. Dans ce cas, on lui fait acquitter le droit sur l'intégralité des biens de la succession, et le receveur réclame aux légataires particuliers la différence du droit.

Ainsi, dans le cas de la présente déclaration, la veuve eût acquitté le droit à 3 0/0 sur 15,420 fr., et il y aurait eu à réclamer, savoir :

Au 1er légataire, 3 fr. 50 0/0 sur 1,000 fr.

Au 2e légataire, 4 0/0 sur 800 fr.

Au 3e légataire, 6 0/0 sur 1,500 fr.

Successions dont la moitié ou la totalité des biens étaient grevées d'usufruit au moment de leur ouverture. (Inst. 1816.)

Victor , fils de défunt Simon et de Marie, est décédé le , après avoir recueilli sa part de la succession de son père prédécédé.

Il laisse pour héritiers, sa mère pour la réserve légale (un quart), et ses frères et sœurs pour les trois autres quarts.

La moitié des biens recueillis est grevée d'usufruit au profit de la mère, en vertu de testament de son mari en date du

Les biens de la succession de Victor consistent :

1° Meubles estimés.	440 »
2° Immeubles du revenu de 110 fr.. . .	2,200 »

Les droits se liquident de la manière suivante :

Moitié en toute propriété..	220 »	320 »
Moitié grevée d'usufruit représentés par. . .	100 »	

Un quart à la mère, 82 fr. 50 c. Droit à 1 0/0.	1 »
Trois quarts aux frères et sœurs, 247 fr. 50 cent. Droit à 6 fr. 50 0/0.	16 70

On opérera de même sur les 2,200 fr. d'immeubles.

Si tous les biens sont grevés d'usufruit au moment du décès du nu propriétaire, le droit n'est exigible que sur la moitié de la valeur de succession, qui représente la nue propriété du tout.

Succession comprenant des rentes et valeurs sur des compagnies étrangères.

M. F.   est décédé à   , le   , laissant pour héritiers deux enfants. (La femme prédécédée.)

La succession se compose :

1° De meubles estimés.	1,350 »	
2° De créances { Sur. . . 1,000 » / Sur. . . 2,000 » / Sur. . . 20,000 » }	23,000 »	
3° D'une somme déposée chez M. B..., à San-Francisco.	10,000 »	
4° D'une rente 3 0/0, inscrite n° , série , annuelle de 200 fr., donnant au cours de la bourse, au jour du décès (faire le calcul), capital présumé.	4,125 »	
5° D'une rente 4 1/2 0/0 inscrite n° , série , annuelle de 250 fr., donnant au cours de la Bourse.	5,125 »	
6° Actions des forges et hauts-fourneaux de Franche-Comté, non cotées; on les porte au pair (500 fr. chacune).	10,000 »	
7° 20 obligations de chemins de fer de l'Est, au cours supposé de 480 fr.	9,600 »	
8° 40 obligations des chemins de fer autrichiens, au cours supposé de 287 fr. 50 c.	11,500 »	
	74,700 »	
Droit à 1 0/0.		747 »

S'appliquant : aux rentes pour.	92 80
Aux actions de chemins de fer autrichiens, cotées pour.	115 »
Et aux autres valeurs, pour.	539 20
Total égal. . .	747 »

M. G.   est décédé à   , le   , laissant pour héritier un fils unique. (La femme survivante.)

Valeurs mobilières d'après la liquidation de la communauté. . . . . 49,200 »

Par son contrat de mariage, reçu par M^e   , notaire à   , le   ,

Report		49,200 »
M. G. a assuré à son épouse, en cas de survie, et à titre de douaire, une pension annuelle et viagère de.	1,200 »	
Et en outre, pour habitation, un viager annuel de.	800 »	
	2,000 »	
Capital au denier 10 à déduire.		20,000 »
Reste..		29,200 »
Dr. à 3 0/0 sur 20,000 f. 600 » / Dr. à 1 0/0 sur 29,200 f. 292 »	892 »	

Succession dont les legs absorbent et au delà toutes les valeurs.

M. M. est décédé à , le . Par un testament du , enregistré le , il a institué pour légataire universel M. D. , son cousin issu de germain, à charge d'acquitter les legs suivants :

1° A M....., cousin germain.	1,000 »
2° A M....., *id.*	300 »
3° A M....., *id.*	1,000 »
4° A M....., *id.*	1,000 »
5° A M... ., cousin issu de germain..	1,200 »
6° A M....., cousin germain..	300 »
7° A M....., non parent.	600 »
8° A M....., *id.*	600 »
9° A M....., *id.*	300 »
10° A M....., *id.*	200 »
11° A M....., *id.*	600 »
12° A M....., *id.*	100 »
13° A M....., *id.*	200 »
14° A M....., cousin issu de germain.	1,000 »
	8,400 »

Toutes les valeurs de la succession ne s'élèvent qu'à 5,208 fr. Il y a donc lieu de réduire les legs au marc le franc :

ainsi, 5,208 : 8,400 :: 10 : 620.

1er legs réduit à	620 »	Droit à 7 0/0
2e *id.*	186 »	7 0/0
3e *id.*	620 »	7 0/0
4e *id.*	620 »	7 0/0

5e	*id.*	. . . .	744	»	8 0/0
6e	*id.*	. . . .	186	»	7 0/0
7e	*id.*	. . . .	372	»	9 0/0
8e	*id.*	. . . .	372	»	9 0/0
9e	*id.*	. . . .	186	»	9 0/0
10e	*id.*	. . . .	124	»	9 0/0
11e	*id.*	. . . .	372	»	9 0/0
12e	*id.*	. . . .	62	»	9 0/0
13e	*id.*	. . . .	124	»	9 0/0
14e	*id.*	. . . .	620	»	8 0/0

Succession d'un coassocié dans le commerce.

M. M..... est décédé à , le . Il était associé, pour le commerce de la rouennerie, avec 1° M....., et 2° M....., sous la raison sociale M..... et comp., suivant acte sous signatures privées du , enregistré le , dûment publié au greffe du tribunal de commerce de , le

Inventaire par acte dressé par Me....., notaire à , le .

Les marchandises de la société sont estimées.	324,511	80
Mobilier de commerce	1,352	»
Créances actives d'après le grand livre de commerce. .	128,480	20
Numéraire en caisse.	834	»
	455,178	»
Passif à déduire (c'est le seul cas autorisé). (Inst. 1693, § 6.)	228,751	»
Reste.	226,427	»
Le 1/3 au défunt.	75,475	67

Droit à percevoir suivant le degré de parenté des héritiers.

Si le défunt était marié, la somme de 75,475 fr. 67 c., servirait de base pour la liquidation de la communauté.

Succession recueillie en vertu de l'art. 767, Code Napoléon.

M. N..... est décédé à , le , il était marié à .
Le défunt n'avait ni parents, ni enfants naturels. C'est la veuve qui succède et acquitte le droit, comme étrangère, au taux de 9 0/0.

M. O..... est décédé à , le , laissant une veuve usufruitière de tout, d'après le contrat de mariage.

Par son testament du , enregistré le , il a institué pour légataire universel de la nue propriété de ses biens M. O....., son frère.

Le contrat de mariage reçu par Me , notaire à , le , contient la disposition suivante :

A titre de convention de mariage et conformément à l'art. 1525 du Code Napoléon, la totalité de la communauté appartiendra au survivant des futurs époux, sans que cette clause puisse être considérée comme une donation. Dans ce cas, il n'y a pas à s'occuper de la communauté, puisque les biens qui en dépendent appartiennent à la veuve, à titre de *convention de mariage*.

Biens propres au défunt.

Son apport par contrat de mariage. . .		5,000 »	
Sur lequel il a fait entrer en communauté par le contrat de mariage, une somme de 2,000 fr. à déduire, ci.		2,000 »	
Reste.		3,000 »	
Sur 3,000 fr. au frère, à 6,50 0/0.	195 »		
Sur 1,500 fr. représentant l'usufruit à 3 0/0. .	45 »		
Immeubles propres (en donner le détail).			
Revenu 500 fr., capital au denier 20, pour la propriété.		10,000 »	
A 6 fr. 50 0/0			650 »
Capital au denier 10, pour l'usufruit. .		5,000 »	
A 3 0/0.			150 »

Succession de M. V ....

Lorsque le défunt a fait donation entre-vifs, soit à un de ses enfants, soit à son légataire universel ou à un étranger, d'une somme payable au décès du donateur, cette somme, considérée comme une charge, ne doit pas être déduite de la succession (arrêt de cassation du 6 mai 1857).

Successions irrégulières.

Demoiselle Elisa B..... est décédée à , le , laissant pour héritiers : 1° Marguerite R...., veuve de Jacques B...., sa mère; 2° Adèle B....., sa fille naturelle reconnue; la première ayant droit à un quart formant la réserve légale; la seconde à une moitié, en vertu de l'art. 757 du Code Napoléon; 3° et trois frères qui sont Adolphe, Firmin et Frédéric B.....

Les susnommés sont donc fondés, savoir :

La fille naturelle pour moitié, ou. . . .		16/32es
La mère et les frères, dont le prélèvement de moitié réduit les droits :		
La mère.	4/32es	16/32es
Les frères.	12/32es	

De la succession dépendent des valeurs mobilières (en donner le détail à défaut d'inventaire), montant à . . . . 3,659 »

Demi à la fille naturelle.	1,829 50			
Droit à 1 0/0.			18 40	
L'autre moitié à la mère et aux frères.	1,829 50			
1/4 à la mère. 457 37	Droit à 1 0/0.		4 60	
3/4 aux frères. 1,272 13	Droit à 6 50 0/0.		89 70	

S'il y a des immeubles, la division se fera comme pour les meubles. Si la demoiselle Elisa B..... n'avait pas laissé de parents au degré successible, l'enfant naturel aurait recueilli toute la succession.

Mme T..... est décédée à , le . Par son testament du , enregistré le , elle a institué pour ses légataires universels :

1° Ses neveux et nièces (les dénommer) pour une moitié ;

2° Ses petits-neveux et ses petites-nièces pour l'autre moitié, mais ceux-ci ne jouissant de leurs legs qu'après le décès de leurs père et mère, auxquels elle lègue l'usufruit desdits legs.

Nota. Le père est neveu de la défunte et la mère nièce par alliance.

Valeurs mobilières. . .	7,230 »			
Moitié aux neveux et nièces.	3,615 »			
Droit à 6 fr. 50 0/0. .				235 30
Moitié aux petits-neveux et petites-nièces. .	3,615 »			
Droit à 7 0/0				253 40
Cette dernière somme de 3,615 fr. est représentée en usufruit par.		1,807 50		
Moitié aux neveux. . .		903 75		
Droit à 6 fr. 50 0/0. .				59 80
Moitié à la nièce par alliance.		903 75		
Droit à 9 0/0.				82 80

S'il y a des immeubles dans la succession, on opérera comme ci-dessus.

M. D..... est décédé à , le , laissant une veuve.

Sa succession a été recueillie par ses cinq enfants.

Le droit de mutation a été acquitté dans le délai, savoir :

Sur les valeurs mobilières, montant à 2,500 »

Sur les immeubles du revenu de 500 fr., capital. . . . . 10,000 »

Deux des cinq enfants sont décédés, après avoir recueilli chacun 1 cinquième dans la succession de leur père.

Ils laissent pour héritiers, leur mère pour un quart, et leurs frères et sœurs pour trois quarts.

Le droit de mutation se liquidera comme il suit :

Premier enfant décédé.

Sa succession se compose de 1/5e des meubles du père, soit.	500 »	
1/4 à la mère, 125 fr. Droit à 1 0/0. .		1 40
3/4 aux frères et sœurs, 375 fr. Droit à 6 fr. 50 0/0.		24 70
1/5e des immeubles du père.	2,000 »	
1/4 à la mère, 500 fr. Droit à 1 0/0. .		5 »
3/4 aux frères et sœurs, 1,500 fr. Droit à 6 fr. 50 0/0.		93 50
Total.		128 60

Deuxième enfant décédé.

1/5e dans la succession du père. . . .	500 »	
Il a recueilli dans la succession de son frère 1/4 des 3/4 du cinquième.	93 75	
	593 75	
1/4 à la mère, 148 fr. 44 c. Droit à 1 0/0.		1 60
3/4 aux frères et sœurs, 445 fr. 31 c. Dr. à 6 fr. 50 0/0.		30 40
1/5e des immeubles.	2,000 »	
Avait recueilli dans la succession de son frère premier décédé, 1/4 des 3/4 du cinquième.	375 »	
	2,375 »	
1/4 à la mère, 593 fr. 75 c. Droit à 1 0/0.		6 »
3/4 aux frères et sœurs, 1,781 fr. 25 c. Dr. à 6 fr. 50 0/0.		117 »
		155 »

Mme B..... est décédée à , le (son mari vivant).

Il n'y a pas d'enfants du mariage.

Les héritiers sont, les père et mère pour moitié, et les frères et sœurs pour l'autre moitié.

La communauté est nulle.

Par le contrat de mariage en date du , la défunte s'est constitué :

1° Ses effets personnels, estimés. . . .	123 »
2° Une somme en numéraire de. . . .	4,000 »
A reporter.	4,123 »

Report.		4,123 »		
Ses père et mère lui ont fait donation par le même acte, 1° d'un trousseau de	2,000 »			
D'une somme en numéraire de	5,000 »	7,000 »		
		11,123 »		

Les 7,000 fr. donnés par les père et mère, leur reviennent à l'exclusion de tous autres (art. 747 du Code Napoléon).

Par suite, liquidation des droits sur. .		4,123 »		
1/2 aux père et mère.	2,061 50	Dr. à 1 0/0. . .	20	80
1/2 aux collatéraux. .	2,061 50	Dr. à 6 fr. 50 0/0	135	20
Sur 7,000 fr., retour légal aux père et mère donateurs.				
Droit à 1 0/0.			70	»
			226	»

FIN DU TRAITÉ SUR LES SUCCESSIONS.

TRAITÉ

DE

MANUTENTION DES BUREAUX DE DOMAINES

Ce petit ouvrage pratique a pour objet, tout en rappelant les instructions sur la matière, de faire connaître succinctement la manière dont sont traitées dans le département de la Seine, les diverses opérations domaniales et de donner les formules employées et consacrées par l'usage.

Les sommiers des droits constatés étant passés en revue dans leur ordre ainsi que toutes les opérations qui s'y rattachent, avec annotations marginales pour chacun d'eux, une table alphabétique a été jugée inutile.

SOMMIER N° 4.

Les consignations à ce sommier ont pour objet, savoir :

Locations diverses.

Locations de terrains militaires.

Vente de mobilier de l'Etat, proprement dit, n'appartenant à aucun ministère.

Redevances pour cause de précarité.

Observation. — Annotation au sommier des locations au fur et à mesure des consignations.

Déshérences. — Toutes les recettes y relatives, notamment les arrérages de rentes, les reliquats de comptes des administrateurs, les arrérages et dividendes de valeurs diverses et des tontines, les prix de ventes faites judiciairement d'immeubles provenant, comme les valeurs sus-indiquées, de successions appréhendées par l'État à titre de deshérence. (Voir les Inst. gén. 300, 1118 et 1407.)

Observations.—Annotation au sommier des rentes au fur et à mesure des consignations et aux comptes ouverts lors des encaissements.

Avis à la direction par lettres distinctes pour chaque succession, de toutes les recettes de reliquats de comptes des administrateurs.

Titres de rentes nominatifs. — Les arrérages en sont encaissés directement par les receveurs.

Observation. — L'immatriculation de ces titres au nom de l'État est provoquée par les receveurs qui doivent, à cet effet, joindre à leur demande des extraits des jugements d'envoi en possession des successions auxquelles ils appartiennent.

Titres au porteur. — Ils sont déposés au Trésor (bureau du Portefeuille). (Inst. 2267). Les arrérages et dividendes sont encaissés par le Trésor qui en tient compte aux receveurs au moyen de récépissés de versements.

Au fur et à mesure des tirages et quand il y a lieu d'encaisser le remboursement des actions ou obligations sorties, les receveurs provoqueront le retrait des titres en se conformant à la circulaire du 28 déc. 1863 contenant copie de celle de la comptabilité publique du 16 dudit mois, n° 778-108.

Majorats. — Toutes sommes faisant retour à l'Etat par suite de l'extinction de la descendance masculine des titulaires.

Épaves. —Ventes en exécution du décret du 13 août 1810 d'objets abandonnés depuis plus de six mois dans les gares et stations des chemins de fer et dans les magasins de maisons de roulage.

Elles doivent être précédées d'une insertion à faire au *Moniteur* un mois avant le jour fixé. Il est procédé dans l'intervalle, à l'inventaire par le juge de paix de l'arrondissement où sont déposés les objets à vendre.

Observation.—Le timbre de factures, mémoires et quittances se rapportant aux épaves ou déshérences est à la charge des parties prenantes. (Art. 29 de la loi du 13 brumaire an VII.)

***MODÈLE** d'un état récapitulatif d'une vente de l'espèce dans laquelle figure une somme en numéraire trouvée lors de l'inventaire, circonstance qui nécessite une double opération pour établir le marc le franc applicable au numéraire et celui applicable à la vente.*

	MONTANT de la vente en principal.	5 0/0.	TOTAL.	A DÉDUIRE, Frais de régie, d'inventaire. de vente.	RESTE net.	DU pour port, déboursés et droit de magasinage	RESTE au domaine.
	2554 50	127 73	2682 23	475 29	2206 94	839 25	1367 99
Numéraire trouvé lors de l'inventaire.	108 50	» »	108 50	10 30	98 20	» »	98 20
	2663 »	127 73	2790 73	485 59	2305 14	839 25	1465 89

Recette.

Produit au principal. 2554 50

5 0/0. . . . . 127 73

A déduire. { Enregistrement. 58 88 / Timbre. . . . . . 4 50 } 63 38

Reste. . . . . 64 35 }
Numéraire. . . . . 108 50 } 172 85

Total encaissé par le Domaine. 2727 35

Frais pour le marc le franc applicable au numéraire.

Frais de régie sur 2725 fr. 35 c. encaissés par le domaine.

Ci. . . . . 136 36 }
Frais d'inventaire. . . 128 50 } 264 86 à diviser par le total brut de la vente, 2790 fr. 73 c., y compris le numéraire.

Marc le franc. . . . . 10 30 pour le numéraire.

Reste 254 56

Droits { d'enreg. . 58 88 / de timbre. 4 50 } 63 38 }
Frais de vente. . . . . . 157 35 } 220 73

Total pour le marc le franc de la vente. 475 29 à diviser par 2682 fr. 23 c., produit brut de la vente.

Marc le franc pour la vente 00.17[es]720.

Tableau pour l'application du marc le franc à chaque article de vente par une simple addition.

Pour	» 01	0 00 177	Pour	8 »	1 41 760
Pour	» 02	0 00 354	Pour	8 50	1 50 620
Pour	» 03	0 00 531	Pour	9 »	1 59 480
Pour	» 04	0 00 708	Pour	9 50	1 68 340
Pour	» 05	0 00 885	Pour	10 »	1 77 200
Pour	» 10	0 01 770	Pour	20 »	3 54 400
Pour	» 20	0 03 540	Pour	30 »	5 31 600
Pour	» 25	0 94 430	Pour	40 »	7 08 800
Pour	» 50	0 08 860	Pour	50 »	8 86 000
Pour	1 »	0 17 720	Pour	60 »	10 63 200
Pour	1 50	0 26 580	Pour	70 »	12 40 400
Pour	2 »	0 35 440	Pour	80 »	14 17 600
Pour	2 50	0 44 300	Pour	90 »	15 94 800
Pour	3 »	0 53 160	Pour	100 »	17 72 000
Pour	3 50	0 62 020	Pour	200 »	35 44 000
Pour	4 »	0 70 880	Pour	300 »	53 16 000
Pour	4 50	0 79 740	Pour	400 »	70 88 000
Pour	5 »	0 88 600	Pour	500 »	88 60 000
Pour	5 50	0 97 460	Pour	600 »	106 32 000
Pour	6 »	1 06 320	Pour	700 »	124 04 000
Pour	6 50	1 15 180	Pour	800 »	141 76 000
Pour	7 »	1 24 040	Pour	900 »	159 48 000
Pour	7 50	1 32 900	Pour	1,000 »	177 20 000

Des calculs faits d'après ces bases et de l'application du marc le franc à chaque article de vente, il appert qu'il revient à...

Pour port, déboursés et droits de magasinage. .	839 25
Et qu'il reste au domaine.	1465 89

SOMMIER N° 5.

Vente d'immeubles domaniaux.

Prix payable par cinquième. Le 1er sans intérêts dans le mois de l'adjudication et les autres d'année en année avec intérêts à 5 p. 100 à partir de l'expiration du délai accordé pour le paiement du 1er cinquième.

A défaut de paiement aux échéances fixées, les intérêts seront capitalisés et produiront de nouveaux intérêts jusqu'au jour du paiement effectif; dans le calcul des intérêts, les mois seront comptés pour 30 jours et les fractions de mois pour 1/360me (Arrêté de M. le ministre des finances, du 15 juillet 1851.)

Inscription de privilége à requérir dans les 45 jours de l'adjudication. (Inst. 2056.)

Poursuites. — Le domaine a la faculté de poursuivre l'adjudicataire par voie de contrainte administrative et toutes autres voies légales.

Il pourra en outre user du droit de faire prononcer la déchéance conformément à l'art. 8 de la loi du 15 floréal an x.

La reprise de possession n'aura lieu qu'un mois après la notification de l'arrêté de déchéance à l'acquéreur primitif, au détenteur, aux acquéreurs intermédiaires s'ils sont connus et aux créanciers inscrits ayant hypothèque spéciale sur l'immeuble. (Art. 3 de l'ordonnance de 1817.)

Aux termes de l'art. 4 de ladite ordonnance, pendant le cours de ce délai, l'acquéreur primitif, le détenteur, les acquéreurs intermédiaires et les créanciers inscrits seront admis à payer la somme exigible, avec subrogation aux droits du Trésor. (Inst. gén. n°s 672 et 791.)

Aux termes du décret impérial du 22 oct. 1808, art. 4. (Inst. 404 et 636) les décomptes présentant des recouvrements doivent toujours être signifiés aux acquéreurs primitifs ou à leurs ayants droit et aux termes de l'arrêté du 4 thermidor an xi, art. 5, la rentrée des sommes provenant des décomptes doit être poursuivie par voie de contrainte.

Cessions amiables en exécution de l'art. 53 de la loi du 16 sept. 1807, par actes administratifs.

Prix payable sans intérêts dans le mois de la cession.

Si ce prix n'était pas payé dans ce délai, il produirait des intérêts à 5 p. 100 jusqu'au jour du paiement effectif.

SOMMIER N° 6.

Frais de régie sur les pensions d'aliénés et sur les sommes versées pour le compte des successions vacantes et généralement sur les produits compris dans les bordereaux mensuels sous la dénomination de recettes accidentelles.

Circulaire du 14 juillet 1854. (Inst. 2045.)

SOMMIER N° 7.

Produits des forêts et de la pêche.

Ce titre indique suffisamment l'objet des consignations dont le détail se trouve en tête du sommier.

SOMMIER N° 8.

Produits de toute nature provenant des divers ministères.

Modèle de consignations.

Du.....

Vente du... d'objets réformés par le ministère de.....

Produit en principal.			1,000	»
5 0/0.	50	»		
A déduire.. { Enregistrement. . 23 » / Timbre. . . . . . » 50 }	23	50		
Reste	26	50	26	50
Produit net à porter en recette.			1,026	50

Opérations de trésorerie. — Successions vacantes (sommes versées par les curateurs).

Modèles d'enregistrement en recettes et en dépenses.

Fait recette de 1,000 fr., versés par M. ....., curateur à la succession vacante de.... (Compte ouvert vol..... fol.....)

Principal.	950	»	1,000
Frais de régie.	50	»	

Annotations des recettes et dépenses aux comptes ouverts avec chaque succession.

Avis des recettes et des versements à la Caisse des consignations, à donner à la direction au fur et à mesure de chaque opération et par lettre distincte pour chaque succession.

Fait dépense de 1,000 fr., versés aujourd'hui par M. ....., curateur à la succession vacante de..... (Compte ouvert vol..... fol.....)

Déposé ledit jour à la Caisse des consignations, suivant récépissé n°.....

Ci.	950	»	1,000
Frais de régie. Somm. 6, n°	50	»	

Joindre au récépissé de la caisse des dépôts, un extrait du registre des produits accidentels pour les frais de régie.

Pensions d'aliénés. — Au fur et à mesure des recettes de l'espèce, ouvrir au sommier n° 6, un article pour les frais de régie à 5 p. 100.

Circulaire du 14 juillet 1854. (Inst. 2045.)

Les avances à charge de régularisations sont ordinairement divisées en trois colonnes seulement, dont la première sous la rubrique (*frais de poursuites*) comprend toutes celles n'ayant pas pour objet des frais se rattachant aux ventes de mobilier ou d'immeubles.

Poursuites. — Contrainte à rédiger au verso de l'état de décompte des sommes dues, arrêté par le préfet et qui doit être signifié simultanément. (Inst. 1666.)

A la fin de chaque mois verser le montant des sommes recouvrées dans les caisses de l'assistance publique et joindre au récépissé des extraits du registre de recette des opérations de trésorerie et des produits accidentels.

OBSERVATIONS GÉNÉRALES.

Pour la publicité des ventes auxquelles sont appelés à procéder MM. les receveurs des domaines, on leur fait observer que la Société générale des annonces, place de la Bourse, 8, se charge des insertions aux dix grands journaux, le *Siècle*, les *Débats*, le *Constitutionnel*, la *Presse*, la *Patrie*, l'*Opinion nationale*, la *France*, le *Temps*, le *Pays* et l'*Union*, sous la déduction sur l'ensemble du prix des insertions, de 33 1/2 p. 100.

FIN.

TABLE ALPHABÉTIQUE DES MATIÈRES

	Pages.	Numéros de la nomenclature des biens à déclarer.	Chapitres.
Acceptation de legs (droits acquis au Trésor).	17	37	
Achalandage.	18	40	
Acte d'héritier.	30		10
Action et privilége.	25		6
Adoption.	34		16
Ameublissement.	11	1	
Antichrèse.	18	41	
Auteur (droit d').	19	48	
Bail héréditaire.	11	2	
Bail à portion de fruits.	23		9
Biens indivis.	11	3	
Biens recouvrés par les héritiers.	27		8
Brevets d'invention.	18	42	
Bureaux où les déclarations doivent être faites.	25		5
Carrières.	18	43	
Cautionnements des comptables, fonctionnaires, officiers publics et ministériels.	18	44	
Charges	35		18
Cheptel.	18	45	
Communauté (part de).	16	28-29	
Constructions par des locataires sur des terrains à eux loués.	18	46	
Décès en pays étrangers.	32		8
Déclarations de successions (modèles de).	36		20
Déclarations hors délai.	26		7
Délais.	24		4
Démolitions (matériaux de).	18	47	
Donation. . de biens présents et à venir.	11	4	
Donation. . par contrat de mariage, soumise à l'événement du décès.	12	5	
Donation. . d'usufruit entre époux.	12	6	
Donation. . dans une vente ou partage anticipé. . . .	12	7	
Donation. . entre époux (régime dotal).	12	8	
Droit d'auteur.	19	48	
Emphytéose.	12	9	
Enfant naturel.	34		17
Étangs (pêche des).	19	52	
Évaluation des biens.	22		3
Exemptions (nomenclature des).	19		2

	Pages.	Numéros de la nomenclature des biens à déclarer.	Chapitres.
Expertise	28		9
Fruits civils	13	10	
Gage	19	49	
Héritiers (solidarité pour le paiement des droits)	21		6
Héritiers en faillite	26		7
Houillères	19	50	
Immeubles saisis	16	30	
Immeubles prix délégué	16	31	
Immeubles acquis pendant la communauté	13	11-12-13	
Immeubles acquis des deniers d'un tiers et dont l'acquéreur n'est qu'apparent, doit être compris dans la succession de celui qui a fourni les deniers		19-55	
Immeubles acceptés en remploi	13	14	
Indemnités	11	1	
Insuffisance d'estimation	26		7
Législation (2e page)			
Legs de sommes d'argent ou rentes viagères	14	15	
Legs de sommes payables au décès du légataire universel	14	16	
Legs d'usufruit à plusieurs	14	17	
Legs substitution (double mutation)	14	18	
Legs particulier de sommes d'argent	14	19	
Legs à un membre de communauté religieuse	14	20	
Legs par un enfant naturel	15	21	
Legs substitution prohibée	15	22	
Legs d'usufruit ne devant commencer qu'à la mort du légataire de la propriété	15	23	
Legs acceptation (droits acquis au Trésor)	17	37	
Liquidation de communauté (modèles)	36		20
Majorats	15	24	
Matériaux de démolitions	21	43	
Mines	19	51	
Modèles de déclarations de successions et de liquidations de communautés	36		20
Observations générales	8		
Offices d'officiers publics	15	25	
Omissions	26		7
Paiement des droits	25		6
Part dans une société civile	15	26	
Part dans une société commerciale	16	27	
Part de communauté	16	28	

	Pages.	Numéros de la nomenclature des biens à déclarer.	Chapitres.
Pêche des étangs..	29	52	
Peines pour déclarations hors délai, insuffisance d'estimation ou omissions.	26		7
Pépinières.	19	53	
Portions d'immeubles indivis acquis pendant la communauté..	13	11-12-13	
Poursuites et instances..	28		9
Préciput.	9		
Préface.			
Prescriptions.	27		8
Prix d'immeubles { saisis et vendus	16	30	
Prix d'immeubles { délégué.	16	31	
Prorata de fermages (Voir *Fruits civils*).	13	10	
Quotité disponible..	23		3
Récompenses..	10		
Remploi.	13	14	
Rente viagère en remplacement d'un usufruit.	16	32-32 *bis*.	
Id. formant le prix d'une vente d'immeubles..	17		
Renonciation.	30	33	10
Réserve légale.	17	33	
Restitutions.	31		11
Retour légal.	17	34	
Ruches à miel.	19	54	
Société (part dans une).	15	26-27	
Substitution.	14	18	
Successions { d'absents..	31		12
Successions { d'étrangers.	32		13
Successions { vacantes.	32		14
Successions { en déshérence.	33		15
Successions { par suite d'adoption.	34		16
Successions { enfants naturels.	34		17
Tarif.	36		19
Testament mystique..	27		8
Traites souscrites à l'étranger et payables en France.	17	39	
Transactions sur testaments.	17	36	
Usufruit légué à un ascendant..	17	38	
Valeurs mobilières grevées d'usufruit.	17	35	
Traité de manutention des bureaux de domaines.	53		

FIN DE LA TABLE ALPHABÉTIQUE.

TABLE DES CHAPITRES

DU TRAITÉ DES SUCCESSIONS AU POINT DE VUE FISCAL.

Pages.

CHAP. Ier. — Nomenclature des biens à déclarer. 11
CHAP. II. — Exemptions. 19
CHAP. III. — Valeurs sur lesquelles le droit proportionnel est assis. 22
CHAP. IV. — Délais. 24
CHAP. V. — Bureaux où les déclarations doivent être passées. . . 25
CHAP. VI. — Du paiement des droits et de ceux qui doivent les acquitter. — Action et priviléges. 25
CHAP. VII. — Des peines pour défaut de déclaration dans les délais. — Insuffisance ou omissions. 26
CHAP. VIII. — Des prescriptions. 27
CHAP. IX. — Des poursuites et instances 28
CHAP. X. — Renonciations. 30
CHAP. XI. — Restitutions. 31
CHAP. XII. — Successions d'absents. 31
CHAP. XIII. — Successions d'étrangers. 32
CHAP. XIV. — Successions vacantes. 32
CHAP. XV. — Successions irrégulières dévolues à l'État à titre de déshérence. 33
CHAP. XVI. — Successions par suite d'adoption. 34
CHAP. XVII. — Enfants naturels. 34
CHAP. XVIII. — Charges. 35
CHAP. XIX. — Tarifs. 36
CHAP. XX. — Modèles de déclarations. 36

FIN DE LA TABLE DES CHAPITRES.

Chez les mêmes éditeurs :

THÉORIE ET PRATIQUE DU NOTARIAT

Ire PARTIE. **Examen du Notariat**, pour servir aux examens de [illegible], contenant : notions générales et [illegible], les modèles et [illegible] les mandataires [illegible] ; [illegible] droit civil, [illegible] ; [illegible] par M. [illegible], ancien Président de la Chambre des notaires de [illegible], [illegible] du Notariat, [illegible] revue et corrigée. 1 fort volume in-8°, 1867.

IIe PARTIE. **Manuel théorique et pratique du Notariat, général et complet des notaires**, contenant : 1° des explications [illegible] ; 2° les formules [illegible] ; 3° un Résumé [illegible] de la jurisprudence en tout ce [illegible], par [illegible], de **COURS DES NOTAIRES ET ÉLÈVES**, contenant : 1° le Commentaire de la loi du 25 ventôse an XI sur le notariat et des lois relatives aux droits d'enregistrement, de timbre, d'hypothèque, [illegible] ; 2° un [illegible] de la discipline et des chambres des notaires ; 3° une Collection des lois et règlements [illegible] ; 4° le Commentaire de la loi du 23 mars 1855 sur la transcription hypothécaire, par [illegible] ; suivi d'un TRAITÉ ABRÉGÉ DE LA RESPONSABILITÉ DES NOTAIRES, par M. [illegible], Docteur en droit. 5e édition, augmentée et mise au courant [illegible] de la jurisprudence. 1 fort volume in-8, 1867. 15 fr., et franco 17 fr.

IIIe PARTIE. **Code-Formulaire pratique du Notariat**, contenant le texte du Code Napoléon annoté (article par article) de [illegible] les formules [illegible] de son application ; suivi de Appendice contenant les formules [illegible] des actes des [illegible], de commerce, d'instruction criminelle, des lois ; de [illegible], [illegible] avec une Table [illegible] des matières ; par [illegible], ancien principal [illegible], Auteur du Traité des Liquidations et Partages et du Formulaire général, et M. VIGNON, [illegible] 1 vol. in-8 [illegible], 1854. 8 fr.

Les TROIS PARTIES, 4 vol., 36 fr. franco, contre un bon de poste.

TRAITÉ GÉNÉRAL DU NOTARIAT ET [illegible]

[illegible], Traité [illegible], Commentaire, Formulaire, [illegible], par M. [illegible], ancien Président de la Chambre des Notaires de [illegible] ; [illegible] théorie et pratique du Notariat, [illegible] et [illegible] etc. 8 forts vol. in-8°.

1re Partie. Notariat, 2 vol. in-8°, 1861. 10 fr.

2e Partie. [illegible] vol. in-8°, 1864. 40 fr.

3e Partie. Droit civil [illegible] tous les actes [illegible]. [illegible]

Chaque partie se vend séparément.

Les deux premières parties sont en vente. Prix : 50 fr. franco, moyennant l'envoi d'un bon de poste.

La 3e partie est sous presse.

Paris. — Imp. [illegible] rue [illegible], 4.

Paris.—Impr. Cosse et J. Dumaine, rue Christine, 2.

www.ingramcontent.com/pod-product-compliance
Ingram Content Group UK Ltd.
Pitfield, Milton Keynes, MK11 3LW, UK
UKHW031947260826
14628UKWH00004B/1903

9 782019 680305